I

© Louis Peretz

Louis Peretz Ivan Assouline

Plan B pour une 6 e REPUBLIQUE

Changer de constitution pour changer les lignes

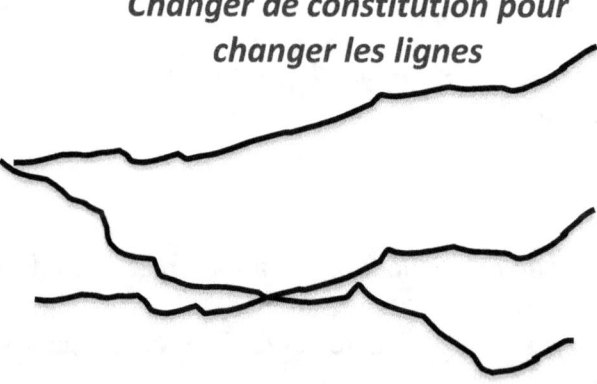

CONVERSATION CITOYENNE

Après une première carrière d'opérateur photographe, reportage et portraitiste, Louis Peretz a donné des cours d'image en trois dimensions à l'Université de Paris VIII-Saint-Denis pour la modernisation d'un système stéréo photographique (3D). Suivi de la parution d'un livre sur ce sujet édité par les éditions du Centre Nationale de la Recherche Scientifique (CNRS). Il entame une deuxième carrière avec un Diplôme d'études supérieures scientifique (DESS d'analyse des systèmes d'informations obtenu à l'Institut de l'administration des entreprises (IAE) de l'Université de Paris I- Sorbonne).

Il estime nécessaire de changer les institutions, pour re-démocratiser la République et retrouver ses valeurs humaines en poussant la citoyenneté jusqu'au bout, c'est-à-dire en donnant la maîtrise complète et quasi directe du peuple sur son destin. L'institution d'une Assemblée nationale dite « référendaire », fidèle représentation du peuple, en serait le fer de lance.

Ivan Assouline, 24 ans, après des études dans une école de journalisme, est devenu rédacteur en chef d'une « newsletter » éditée sur le Net

Sommaire

Avant-propos

Une Constitution doit correspondre à chaque époque à une organisation de la société à l'aide d'institutions qu'elle établit pour le long terme et répondre ainsi à des principes admis par tous, utiles à tous, mais qui peuvent toutefois évoluer comme toute société humaine aux grés des circonstances. La constitution entièrement rénovée qui figure en fin de livre doit être vue comme un recours, un plan B, une façon pour notre société qui s'étiole de se reprendre en main. On y trouvera aussi des témoignages de quelques sympathisants enthousiastes, prêts à s'impliquer pour mettre en pratique les solutions qui sont proposées.

« CEUX QUI NE PARTICIPENT
PAS A LA BATAILLE,
PARTICIPENT A SA DEFAITE »

(BRECHT)

POURQUOI UNE 6e REPUBLIQUE ?

La république malade

Ivan Assouline. Vous faites partie des nombreux Français qui ont attendu avec espoir l'avènement d'une 6e République dès les années 2000. Un tel évènement qui a lieu généralement après une guerre ou une révolution, semblait déjà nécessaire à une partie de la population.

Louis.Peretz. Depuis ces années le mécontentement n'a cessé d'augmenter. Le pouvoir d'achat moyen, qui avait fortement augmenté pendant les « trente glorieuses » stagne depuis 1975. Et pour certaines catégories sociales défavorisées, il a baissé. Alors que celui des classes supérieures continuait à progresser sur la lancée de la croissance des trente années précédentes. Les écarts entre les extrêmes de cette classe moyenne se sont creusés et se creusent encore.

I.A La République ne tient plus ses promesses de Liberté, Egalité, Fraternité. Seul le principe de Liberté a gardé sa validité, mais essentiellement au profit de l'Entreprise. Les échanges marchands de plus en plus libérés, s'accentuent. Il faudrait revivifier notre devise républicaine. La Liberté, qui s'est inscrite dans notre système démocratique, comme le droit fondamental du citoyen, est restreinte par des lois trop nombreuses. Il ne faut pas oublier la Laïcité, une exception française issue de la Révolution, affirmée en 1905. La Fraternité s'estompe depuis la fin de la dernière guerre. Une nouvelle république suppose de raviver ces valeurs. C'est vers les députés, qui en démocratie, ont normalement la République en charge qu'il faudrait donc se tourner.

L.P Malheureusement ceux-ci n'en peuvent mais dans le contexte actuel de la répartition des pouvoirs. A supposer qu'ils entendent bien les revendications. Arnaud Montebourg, dans les années 2000, a lancé l'idée d'une 6 e République, la Convention pour une 6 e République, (C6R) en reprenant les principes de la Charte de Conseil national de la Résistance, le CNR.

L.P La souveraineté républicaine est en effet plus difficile à maintenir, dans le cadre de notre constitution actuelle. C'est l'objectif des auteurs comme Paul Quilès dans « les 577 » et Bastien François et Arnaud Montebourg, dans « La Constitution de la 6 e République », deux des nombreux ouvrages qui dénoncent les défauts de notre constitution actuelle. Ils démontrent dans ces livres, articles constitutionnels à l'appui, que le pouvoir de l'Assemblée nationale actuelle qui doit être celui du peuple souverain, a été réduit.

I.A D'autres comme André Lang craignant de retomber dans le parlementarisme de la IV e république qu'il juge excessif, préconise un régime entièrement présidentiel à l'Américaine. Mais il ne correspond pas à la tradition française. Nous verrons qu'il y a d'autres propositions de changement radical de notre constitution actuelle. En quoi celle-ci est-elle mise en cause ?

L.P Dans le préambule la République est affirmée comme Une et Indivisible. C'est autour d'une constitution qu'un pays s'est construit. Or notre société va à vau l'eau. De nombreux ouvrages confirment la réalité d'un sentiment d'injustice sociale ressentie même par ceux qui n'en souffrent pas directement.

I.A Vous pensez qu'une nouvelle constitution permettrait de rétablir ces principes unitaires dans leur sens historique qui ont toujours fait la France depuis la Révolution ?

I.A Les soi-disant réformes engagées par tous les gouvernements dont on nous rebat les oreilles depuis des dizaines d'années, destinées à « redresser » le pays, ne produisent apparemment pas d'effets, si l'on en croit la persistance de cette antienne dans les discours politiques. Sans mesures réellement appropriées, sans grand changement, ce que vous appelez faire bouger les lignes, la république continuerait donc à se déliter. Les partis politiques quand ils sont dans l'opposition, estiment qu'ils pourraient mieux faire s'ils arrivent au pouvoir. Il faut s'interroger sur leur incapacité à le réaliser chaque fois qu'ils y parviennent.

L.P On attendait depuis ces années 75-80 des améliorations promises officiellement entre autres par les différents traités européens.

I.A Toute la difficulté vient de notre système et des institutions qui ne jouent plus leur rôle de régulation. La société est bloquée avait dit Jacques Chaban-Delmas en son temps. Les traités européens n'ont fait qu'accentuer le phénomène.

L.P Devant le peu d'avancées sur d'éventuelles améliorations, qu'on aurait pu espérer d'une Europe promise forte et unie, le mécontentement s'est exprimé par un Non au Traité constitutionnel européen en mai 2005. On peut considérer cette réponse comme un appel à un retour à une souveraineté républicaine qui ne se reconnait plus dans cette Europe bureaucratique, dominatrice et lointaine. Notez que le Traité de Maastricht n'a été approuvé par référendum en 1992 qu'à une faible majorité. Ceci malgré de fortes incitations officielles en faveur du OUI.

I.A Une grande partie de la population craignait, à juste titre, une Banque centrale européenne indépendante instaurée par ce traité. Mais François Mitterrand, dans la continuité des engagements des gouvernements précédents a incité à son approbation, peut-être dans l'espoir d'un progrès substantiel dû à l'intégration dans l'Union européenne, d'une Allemagne récemment réunifiée. Avait-il prévu que l'Union européenne dépassant le simple système d'échange du marché commun, se transformerait en une union européenne financièrement dominatrice ?

L.P Ce qui a eu lieu au prix d'une certaine perte d'indépendance. Le « vivre ensemble » dans la cité, qui est le sens du mot « République », le lieu et le genre de vie des citoyens, s'est en effet dégradé depuis sous l'influence de nombreuses pressions comme on va le voir. Nos dirigeants ne parviennent pas redonner confiance en l'avenir d'un pays sur lequel ils n'ont plus prise. En particulier le pouvoir régalien de battre monnaie a disparu pour la majorité des pays membres de l'U.E. Ce n'est pas secondaire. Je démontre même le contraire dans un ouvrage dédié à l'Economie. La croissance moyenne de tous les pays européens a commencé à décliner, malgré quelques petits rebonds occasionnels, depuis quelques décennies.

I.A Le malaise se généralise. Certains réclament un grand changement, sans trop savoir lequel, ni comment s'y prendre, si ce n'est, pour des responsables politiques et les auteurs évoqués, à instaurer cette VI e République, dont on reparle à nouveau, comme un remède à la crise économico-sociale de notre pays. La solidarité entre les pays de l'U.E, s'est effritée sous l'influence de la compétitivité économique, de la concurrence libre et non faussée.

L.P Depuis la crise de 2008, l'Union européenne ne parvient pas à trouver un minimum de cohésion. Comment faire sortir le pays du marasme, rétablir un minimum de croissance bénéfique pour tous ? La perspective d'une union européenne progressiste a fait accepter d'avance, quoi qu'avec un enthousiasme limité, la perte de souveraineté dont on vient de parler. On voit maintenant que les avantages d'une européanisation ne se sont concrétisés que pour les grandes entreprises, principalement pour les multinationales, sans profiter réellement aux populations dans leur ensemble. Les mots d'Egalité, Fraternité inscrits au fronton de la République, se sont estompés. D'où le sentiment d'une perte d'identité républicaine. La perte de souveraineté, transféré en partie à Bruxelles, entraîne une perte démocratique.

11

I.A Il n'est pas inutile de rappeler qu'un mécontentement de grande ampleur, porté par un « cahier de doléances » avait atteint toutes les couches de la population avant la Révolution de 1789. Sommes-nous à la veille d'une révolution ?

LE GRAND SOIR ?

L.P Il y a des similitudes. Les clubs, les pétitions qui préparaient le raz de marée de la période révolutionnaire ressemblent à ce qui existe actuellement avec les associations et groupes de réflexion présents le plus souvent sur Internet, qui groupent ceux qui recherchent des alternatives aux caps choisis par nos dirigeants. De nombreuses pétitions circulent sur les réseaux sociaux. Mais je crois que le terme « révolution » est excessif. Je préfère l'expression changement de paradigme. Ou alter économie. Ou encore, autre monde. Le temps des barricades me semble révolu. En 1789, il y avait en plus de la pauvreté, du poids des impôts, des graves problèmes de famine. Nous n'en sommes pas là. Grâce aux « restos du cœur », aux aides sociales privées et publiques, et au progrès de l'agriculture, on ne meurt pas de faim en France.

I.A La population est sous l'emprise des jeux médiatisés, - des jeux et du pain, comme on disait à l'époque romaine. Obnubilée par le sport et ces jeux « in live » à la télévision, sur Internet, la population est démoralisée souffrant d'une sorte de léthargie nostalgique d'une époque faste qui a fait suite à la dernière guerre.

L.P Vous évoquez ce qu'on a appelé les « trente glorieuses », qui ont duré jusqu'aux années 1975. La jeune génération trouve une compensation ludique par la messagerie individuelle et portable. Qui agit certainement comme une compensation. Ce fatalisme ressemble à ce que La Boétie a analysé dans « La servitude volontaire ». La conscience populaire a peur des bouleversements violents dont on sait que dans le passé ont surgi des dictatures.

I.A Autrement dit pas de « grand soir » auquel de nombreux citoyens aspirent ? Une 6 e république pourrait-elle être proclamée sans violence ? Vous pensez peut-être à une sorte de révolution de palais ?

L.P Je crois effectivement à une sorte de « révolution des œillets » qui a instauré un autre modèle de société au Portugal sans autres violences que des manifestations de rues. Pour être prêt, en pareil cas il me parait nécessaire d'analyser ce qui ne va pas dans notre démocratie, pour pouvoir instaurer, comme en Tunisie ou en Islande un nouveau modèle de société, en changeant de Constitution. Le malaise dure et semble s'amplifier. Encore faut-il qu'il y ait des propositions, des perspectives, suffisamment précises pour qu'elles s'enracinent dans la conscience collective et prennent le risque d'un bouleversement. Pour le moment la base est intellectuelle. Elle garde un caractère incantatoire. On entend souvent des phrases qui résument les sentiments désabusés dans la population : "Rien ne va plus…. On va droit dans le mur…On n'est pas écouté…On n'est pas représenté…Les politiques ne sont que des professionnels qui ne s'occupent que de leur carrière »…Et les fameux « tous pourris. » Et encore « la France qui tombe, etc. ». Ces sentiments sont confirmés par les analyses et sondages que des politologues, des journalistes, reprennent dans de nombreux ouvrages que je cite en annexe.

13

I.A Il faut s'interroger sur les origines de la situation actuelle, sur le mauvais fonctionnement de notre démocratie, sur l'inefficacité des mesures étatiques prises par nos gouvernements successifs depuis des décennies.

L.P Il y a deux phénomènes, d'ailleurs liés, qui enflent depuis des décennies, la perte d'emploi, le travail dévalorisé en tant que tel, et la baisse du pouvoir d'achat d'une partie de la classe moyenne.

I.A Depuis longtemps aux mains de dirigeants impuissants à donner satisfaction à la population sur le plan social, économique et moral, la politique est déconsidérée.

L.P C'est le système politique qui a la responsabilité de gérer la vie quotidienne de chaque individu d'une nation qui en est responsable. A l'édition de la présente conversation j'annexerai une bibliographie toute aussi alarmante, qui montre que les choses ne cessent d'empirer. Vous verrez qu'on peut rattacher le début de ce type de parutions aux années 90. La plupart traitaient de la maladie de la démocratie comme cause du malaise républicain. C'est la société toute entière qui semble perdre ses repères. La violence sociale est en progression. Comment admettre le chômage de masse, les suicides en entreprises y compris dans le monde agricole, et même dans la police. Comment admettre, c'est le plus grave à mon sens, les attaques contre une institution qui marque la plus importante conquête de notre civilisation, l'Ecole, quand par exemple, des écoles ont été dégradées et même incendiées ? Quand des voitures ont été incendiées et les pompiers accueillis à coups de pierres dans certains quartiers de banlieue ? Que la drogue continue ses ravages.

P. C Problème de civilisation ?

L.P Certains disent qu'en effet le modèle de notre monde occidental est en déclin. Si c'est le cas, pourquoi ne pas imaginer que cette évolution se fasse dans les meilleures conditions ? C'est-à-dire, renouer avec une certaine croissance, bien tempérée, pour tenir compte de l'écologie, seul moyen de redonner confiance en l'avenir. Je répète ce qu'on dit à l'envi, la confiance a disparu. Ce terme résume l'importance des problèmes.

I.A Comment faire pour redonner confiance ? La confiance ne se décrète pas. Les autres pays occidentaux ne sont-ils pas impliqués dans le même processus de dégradation ? Ce sont des démocraties aussi. Que pourrait faire la France seule, même si son système démocratique rejoint celui des autres pays ?

L.P La France a historiquement montré à plusieurs reprises vers quel type de progrès aller. Celui des « Lumières ». Cela, à mon avis, reste son rôle. C'est pourquoi j'ai imaginé en plus d'une constitution rénovée, un modèle de démocratie encore plus accomplie avec « l'Assemblée référendaire » qui donnerait mieux tous pouvoirs aux citoyens.

LE SYSTEME POLITIQUE

République démocratique ou démocratie républicaine ?

I.A Il y a dans les expressions république démocratique ou démocratie républicaine des façons de voir divergentes. Certains pays se disent démocratiques uniquement parce qu'il y a des élections au suffrage universel. C'est un premier pas, indispensable mais pas suffisant.

L.P Tout dépend des conditions de l'application du régime, de la façon d'exercer le pouvoir. Qui parvient au pouvoir, et comment il est attribué et exercé. Que dire par exemple de la république iranienne ou russe ? Ou de certaines républicaines africaines. Le suffrage universel qui est utilisé dans ces pays ne garantit pas la même démocratie que la nôtre. Elle est souvent détournée par le pouvoir personnel. Ailleurs ce pouvoir est accaparé par les religieux, par un parti politique hégémonique, ou encore par des militaires. Le suffrage universel est alors un alibi officiel qui permet de parler de démocratie. Sous prétexte de servir le pays, c'est dans l'intérêt personnel d'oligarques que le pouvoir démocratique est finalement éloigné du pouvoir populaire.

I.A Certains pays ont conservé la royauté en Europe, certes purement symbolique, comme le Royaume uni, La Suède, Le Danemark, etc. Sont-ils moins démocratiques ? Alors que la Grande Bretagne n'a pas de Constitution formalisée.

L.P C'est grâce à leurs traditions poursuivies depuis des siècles. Cet état d'esprit, conservateur certes, s'est perpétué, axée sur la morale protestante personnalisée par sa devise, qui sert de constitution.

I.A Pourtant Madame Thatcher a laissé mourir des hommes, qui faisaient la grève de la faim. Rebelles à ses mesures de désindustrialisation, ils s'opposaient à ses décisions dans le domaine économique. Le peuple n'a pas cru pouvoir réagir, malgré des grèves très dures. Le pouvoir était entre les mains de la « dame de fer » premier ministre, de façon parfaitement démocratique, puisqu'il provenait d'élections populaires. Mais pour elle l'intérêt de la nation était avant tout économique. La raison d'Etat avant l'humanisme.

L.P Ce qui d'ailleurs n'a pas empêché ce pays de passer du niveau de 3 e puissance économique comme elle l'était la France d'avant-guerre, à la 6 e place. Où l'on voit que le mot démocratie, le peuple commande, est une notion qui lie l'existence du peuple à son mode de vie, et pas seulement à sa puissance économique.

I.A République et Démocratie, deux entités qui se complètent. La démocratie est la méthode de fonctionnement d'un Etat qui traduit la volonté commune d'exister dans un monde solidaire, selon certaines règles morales perpétuées à travers les générations. Si cette démocratie est un régime qui permet effectivement à chaque citoyen d'avoir des droits fondamentaux équivalents, de revendiquer une vie quotidienne décente et libre, cela ne peut être que dans un Etat entièrement souverain.

L.P Il faut revenir à ces notions fondamentales, c'est-à-dire, à notre république chargée d'histoire et à un régime qui tend à la prolonger dans une communauté acceptée par tous. Dans une république démocratique c'est le peuple et ceux qu'il désigne qui ont le droit de vivre dignement. Mais quand quelques-uns décident de prendre ce droit pour le donner à un seul Homme, comme en France en 1940, en l'occurrence au Maréchal Pétain, sans consulter directement le peuple, ils tuent la République et la démocratie. De l'Etat démocratique il ne restait que les fonctionnaires, sous les ordres de l'occupant.

I.A Un Etat démocratique peut avoir supprimé en grande partie certaines libertés pour se défendre contre des agressions étrangères. Devenu alors un Etat policier autoritaire. Ou une République « bananière », colonisatrice comme au début du 19 e siècle. On peut illustrer ces cas par la dictature de Napoléon Bonaparte qui pour rétablir l'ordre après la Terreur a supprimé les libertés de tous les organes républicains. A la suite de quoi il a instauré une constitution faite à sa mesure, qu'il s'est tout de même empressé d'oublier pour instituer, par un coup d'Etat, une nouvelle monarchie, cette fois impériale. La République en devenant Empire installait le despotisme et bouleversait même ses coutumes, dont le calendrier. Le peuple avait perdu tout son pouvoir.

L.P Il est intéressant de constater que les régimes dictatoriaux qui ont suivi et ont donné lieu à de profonds bouleversements de traditions et cultures, mais sans lendemain. Hitler a voulu tuer la culture pour introduire artificiellement la sienne. Façon d'approfondir la sujétion du peuple à ses idées. L'Urss soviétique a voulu en inventer une nouvelle, également sans lendemain parce que la culture est naturelle et ne se décrète donc pas. Les régimes réellement démocratiques s'appuient sur un système électoral représentatif de la population qui décide indirectement, par ces intermédiaires, de prolonger, de poursuivre leurs traditions. La culture, faite d'us et coutumes peut évoluer, mais lentement, sans contraintes. La démocratie réelle suppose les libertés collectives, politiques, d'opinion, d'expression qui prennent leurs sources dans l'histoire, les perpétuées au niveau individuel. Elles figurent dans la déclaration des droits de l'homme et du citoyen annexée à la constitution. Ces droits régissent la société dans son ensemble sur le long terme. Selon l'importance que leur accordent le régime en place, un pays est plus ou moins démocratique.

I.A La déclaration universelle des Droits de l'Homme et du citoyen reste la première référence indispensable dans une constitution démocratique.

L.P Toutefois, en France la démocratie représentative, n'a installé ces libertés que progressivement après la Libération : droit de vote des femmes accordé en 1945, télévision privée et radios libres dans les années 80. Même les prix qui ont été imposés après la Libération, n'ont été entièrement libérés que dans les années 55. L'excès de liberté des marchés adoptée par les pays démocratiques a développé depuis une financiarisation mondialisée à l'avantage des grandes entreprises, des multinationales, au détriment de la cohésion républicaine.

I.A Quel est la relation entre le développement des marchés et la République ?

La libre concurrence des marchés en imposant ses lois favorise l'égoïsme des individus par une sorte d'auto-réflexe, au détriment de la Fraternité. L'intérêt d'un pays, avec le sens péjoratif souvent donné par ce mot, ne se résume pas à des calculs monétaires. Il implique de satisfaire tous les besoins humains d'une société de façon la plus équitable possible.

LP Les revendications se seraient alors la volonté nostalgique d'un retour à une époque où ces valeurs républicaines avaient encore cours. Valeurs en partie perdues par le fonctionnement d'une démocratie trop matérialiste. Ce sentiment de frustration est accentué par une perte de confiance générale dans la mesure où le peuple, ne se sent souverain que de façon formelle et occasionnelle, lors des consultations électorales. A cause d'une représentativité insuffisante, il ne peut plus influencer la politique en dehors de ces périodes. Malgré le pouvoir dont sont théoriquement porteurs les députés qu'il a élus, la confiance n'est pas rétablie. C'est une défiance qui s'est installée à sa place depuis que système électoral adopté par la constitution de 1958-62, ne permet pas de retrouver intactes les valeurs républicaines et démocratiques essentielles.

I.A Les valeurs d'égalité et de fraternité républicaines sont évidemment perçues par une partie de la population la plus défavorisé. Cela est accentué par l'augmentation permanente du chômage. Pourquoi nos représentants n'arrivent pas à le réduire ? Vous croyez que cela vient d'un manque de courage des politiques, au conformisme, à l'impuissance des classes dirigeantes ?

L.P On peut le penser. Il s'agit plutôt d'une complicité larvée de nos élus envers le système libéral. De toute façon ils ne peuvent réagir si les structures constitutionnelles en place avant 1962, ne le permettent plus. Quelles règles à adopter ? La démocratie a été inventée à Athènes 500 ans avant J.C. par les plus grands philosophes que l'humanité a connus. « La démocratie est la pire forme de gouvernement totalitaire, à l'exception de tous les autres » a dit Churchill. En donnant le pouvoir au peuple en le chargeant de s'autogérer, il devait éviter la tyrannie. Mais chaque système a ses inconvénients. Ce que Churchill a exprimé sous forme de boutade.

I.A Les philosophes des « Lumières » ont repris et voulu améliorer le système démocratique, en proposant la séparation du pouvoir populaire ainsi transmis, selon trois axes, le législatif, l'exécutif et le judiciaire. Le pouvoir monarchique, tyrannique, non seulement disparaitrait, mais ainsi réparti, mieux contrôlé, il devait diminuer les pressions sur la société et apporter un surcroit de liberté aux individus.

L.P Créer un système démocratique n'évite pas toutes les difficultés liées à l'activité humaine. Comment gérer une population de citoyens aussi disparate que la nôtre si la constitution n'est plus capable d'appliquer les règles démocratiques dictées par la République ?

I.A S'il était possible à Athènes de prendre directement des décisions en permanence pour plusieurs milliers de ces citoyens, en faisant voter des lois à main levée sur l'Agora, c'est impossible quand il s'agit d'une population de quelques dizaines de millions d'individus différents. D'où l'élection de quelques centaines de citoyens intermédiaires censés représenter cette population et gérer le pays à sa place. La constitution est en quelque sorte la colonne vertébrale qui supporte et organise la société.

L.P   D'où le mot de « politique » qui vient du crèque « polis » citoyen. Elle donne les grandes lignes pour l'organiser à l'aide d'institutions qui répartit les pouvoirs citoyens. Et ne les donne pas à des représentants pour satisfaire leurs propres besoins dans la durée.

I.A Il est possible aussi que ces institutions ne soient plus adaptées aux situations qui évoluent. D'où l'inefficacité des réformes engagées depuis des décennies par les politiques.

L.P   C'est ce que je crois, et je ne suis pas le seul, à estimer nécessaire non pas quelques révisions constitutionnelles mais un profond changement. Si ce n'est pas toujours explicité de cette façon, cela revient à changer de Constitution.

I.A La République est en danger quand le système démocratique d'un pouvoir populaire trop dispersé ne répond plus à l'esprit pour lequel il a été conçu.

L.P En effet, une constitution n'a pas pour seul objectif la gestion, la meilleure façon de faire fonctionner librement le système démocratique, elle doit répondre à la satisfaction matérielle et morale des besoins de la société. Pour la république française, les besoins spirituels sont inscrits dans sa devise. Les besoins matériels sont en compétition permanente dans un système économique qui lui aussi échappe aux règles. Ce qui fait négliger les besoins de la population dans son ensemble et met en cause la démocratie elle-même. Les appels au changement sont fréquents. Le candidat Hollande n'a-t-il pas dit « Le changement c'est maintenant » ?

DEFICIT DU SYSTEME DEMOCRATIQUE

Répartition des pouvoirs en démocratie

Pour le peuple

L.P A Athènes, la démocratie, a desserré le carcan qui pesait sur les individus sous la domination des tyrans, en se gérant elle-même. L'intérêt des citoyens avant celui du monarque.

I.A Mais la liberté ne leur était pas pour autant rendue totalement. Pour organiser un groupe, dans l'intérêt d'une grande collectivité, il faut des règles générales communes et s'y plier.

L.P Etrangers, femmes, esclaves n'étaient pas libres à Athènes. Si certains esclaves étaient affranchis, malgré tout ils étaient protégés. L'intérêt général en démocratie est de ne plus subir les abus de pouvoir personnel. Evidemment le peuple ne va pas s'entraver lui-même en instituant des règles trop contraignantes.

I.A Pour le peuple Liberté veut dire créer des institutions pour faire fonctionner la Cité de façon la plus harmonieuse possible. Réorganiser la France, en changeant sa constitution consisterait à lui redonner la possibilité d'agir dans l'intérêt du peuple, alors qu'il se sent de plus en plus souvent contesté par des minorités privilégiées. Comment et où replacer la politique de notre régime démocratique, en tenant compte de l'évolution et de la diversité de sa population dans une période de graves difficultés économiques donc humaines. ? Comment faire accéder le peuple au pouvoir pour rediriger le pays dans l'intérêt du plus grand nombre ? Comment faire pour qu'un gouvernement et une Assemblée élue représentative de la majorité de la population soit amenée à agir dans le cadre de la mondialisation, sans contraintes extérieures ? Comment satisfaire la conscience collective de la population qui aspire au bonheur ? Comment instituer des contre-pouvoirs qui auraient la possibilité de rectifier la direction d'un cap qui s'avérerait mal choisi ? Qui serait capable de le faire évoluer en revitalisant les valeurs républicaines et les rendre intangibles? Car notre démocratie a une histoire. C'est autour des valeurs républicaines qu'elle a toujours réuni ses forces. Un homme providentiel ? Une équipe d'arrivistes ? Qui la composera ? Toujours un Président de la République à qui l'on donne un blanc-seing ?

L.P Il faut donc des contre-pouvoirs. Toujours dans l'Athènes antique, il y a eu des tentatives d'institutionnaliser un contre-pouvoir démocratique tels que les jurys populaires. Ou après la Révolution de 1789, avec le Tribunat populaire figurant dans la Constitution de l'An III. Mais il a été supprimé par Bonaparte. Ces expériences éphémères n'ont pas permis de contrebalancer les pouvoirs personnels institués. Et sans opposition, sans alternance réelle, la démocratie ne peut avancer. La dialectique permanente des pouvoirs est indispensable.

I.A Si le système démocratique de transmission du pouvoir populaire est mal approprié, c'est que le système électoral est mal conçu. Par ailleurs, un nouveau pouvoir, celui des médias est versatile. Théoriquement impartial, il penche en fait vers la tendance du moment, pour satisfaire son audimat. Il influence les pouvoirs de la République. On parle de démocratie d'opinion. L'opposition en devient peu crédible.

L.P Vous faites bien de parler de démocratie en évoquant le pouvoir des médias. La liberté d'expression n'est pas même implicite dans la constitution. Elle est pourtant devenue la base de la régulation démocratique et de la cohésion de notre république. Il y a d'ailleurs un article de la nouvelle Constitution que j'ai consacré à l'instauration d'un organisme chargé de mieux en contrôler le fonctionnement et l'objectivité que ce que fait le Centre supérieur de l'audiovisuel (CSA) actuel. Mais il demandera à être précisé et complété.

I.A Si je résume, vous proposez une nouvelle Constitution pour répartir autrement et mieux les pouvoirs démocratiques.

L.P Effectivement, en tenant compte que « mieux » voudra dire instituer des règles capables de résister aux pressions qui les ont fait dévier. Je reviens sur le sens donné au « vivre ensemble » sur, la façon de suivre les préceptes de la devise de la première République. Ses principes auxquels tous les citoyens se doivent d'adhérer, obligent la cité, autrement dit la nation. En donnant le pouvoir souverain à des représentants élus, la société civile doit s'organiser dans des conditions où l'intérêt général ou du moins du plus grand nombre, prime, en respectant ces principes.

I.A La difficulté consistera justement à notre époque où les méthodes de travail, et les valeurs changent, à trouver les meilleurs moyens d'y parvenir. Les règles établies de façon générale dans une constitution devront s'adapter à ces circonstances. La critique de notre démocratie vient d'un système difficile à contrôler dans une « cité » où vivent plus de 60 millions d'habitants qui subissent les pressions extérieures, les déviations d'un système en évolution constante.

Par le peuple

L.P Le pouvoir pour le peuple certes. Mais comment ? « Par le peuple » ce qui suppose des organes de transmission organisés qui puissent suivre cette évolution. L'Exécutif, puisque on sait que c'est lui qui a le plus de pouvoirs dans notre constitution actuelle, tente de réformer une « France qui tombe ». On entend dire depuis quarante ans qu'il faut « redresser » la France. Apparemment sans grand succès si l'on écoute de nombreux auteurs alarmés par la situation actuelle du pays. Des lois théoriquement « réformatrices » sont programmées pour que cette organisation soit la plus cohérente possible, mais leur efficacité est faible du fait de la résistance des conservatismes de toutes sortes et surtout des influences des groupes de pressions qui font passer leur intérêt particulier après l'intérêt général comme on va le voir.

I.A Il est vrai que depuis la massification de la production industrielle, et l'augmentation de la population qui suivait le progrès d'après-guerre, la société s'est considérablement complexifiée. La classe des ouvriers avait émergé et grossi jusqu'à là. Mais depuis, la classe des employés dite classe moyenne, est devenue aussi nombreuse que celle des ouvriers. Il est difficile de distinguer où est l'intérêt général. Pour gérer cette diversité, l'Etat a dû se fonctionnariser de plus en plus. Les gouvernements augmentent le nombre des ministères. La quantité de lois augmente parallèlement. Les dysfonctionnements entre tous les systèmes régulateurs économiques, privés et publics sont alors inévitables. La corruption gagne. L'affaire du sang contaminé, l'affaire Elf, l'affaire de l'amiante, et les « affaires » dans laquelle des ministres, des hauts fonctionnaires, des députés ou mêmes certains anciens Présidents de la république sont impliqués, montrent que le pouvoir démocratique dévie à tous les niveaux, au détriment inévitable de la population dans son ensemble.

La morale en politique

L.P Les valeurs telles que l'égalité et la fraternité, sont de base chrétienne seulement re-proclamées de façon laïque par la Révolution. Mais l'honnêteté, la tolérance, le respect, valeurs mises en avant par les philosophes comme J.J. Rousseau, Voltaire, sont tombées en désuétude.

I.A Il faut reconnaître que la plupart des démocraties n'ont fait que séculariser ces valeurs chrétiennes, avec un succès mitigé.

L.P La Grande Bretagne, même sans constitution, a sécularisé les valeurs protestantes de sa royauté. Le pouvoir du peuple est représenté par un Parlement élu au suffrage universel. Les pouvoirs populaires ont été séparés en trois comme pour les autres pays de l'Europe, quelles que soient leurs religions. Cette nation reste encore sous la morale religieuse si l'on tient compte de sa devise, « Dieu et mon Roi ».

I.A Religion est ce qui « relie » les individus entre eux. La rigueur morale protestante consacrée par l'histoire s'impose dans les autres pays anglo-saxons. Elle rejaillit sur leur activité économique, et devient un modèle pour les autres pays, attirés par l'excellence de ses résultats matériels.

L.P La morale des élus n'est pas pour autant assurée. Des scandales politiques y ont lieu, comme dans de nombreux autres pays démocratiques. La France est classée 25 e des pays selon l'importance de la corruption, derrière la plupart des pays du Nord de l'Europe. Derrière l'Allemagne qui est classée 15 e le Danemark étant le pays considéré comme le plus honnête.

I.A On peut dire qu'il y a un partage de responsabilités de ce point de vue entre les électeurs et les élus.

L.P En filigrane, c'est la complexité du système qui est en cause. Quelles que soient les bonnes intentions proclamées par les parlementaires, ils sont en effet eux-mêmes piégés par un système électoral, qui les entraîne, autant que leurs électeurs, dans une « nouvelle vassalité » comme le dit André Bellon Président de l'association « pour une constituante ». Ils sont devenus des simples exécutants du pouvoir exécutif : une Assemblée nationale, simple chambre d'enregistrement n'ayant que des pouvoirs de contestation théoriques.

I.A Sans compter que leur professionnalisme et la sinécure de leur mandat, accentuant leur éloignement du peuple, les rend sensibles aux pressions : ils sont persuadés qu'ils savent mieux que nous, sous-entendu la glèbe, ce qui lui convient. On peut se poser la question des motivations profondes de nos députés quand ils avouent avoir choisi ce « métier ». Quand un Président de la République a dit, même si l'on fait la part de l'humour, qu'il a un bon « job », on répond à la question.

L.P Ce qui rajoute un élément de plus au dénigrement de la classe politique et laisse la place à un nouveau despotisme dangereux pour la démocratie. A force, un tel système, paralysé par ces effets pervers, peut imploser. Mais, sans alternative institutionnelle proposée par les grands partis, malgré les promesses de changements, attendus par une majorité populaire, celle-ci est obligé de se contenter de ce système qui perdure dans la légalité. Le peuple reste considéré comme des mineurs, des « veaux », comme l'a dit de Gaulle. Il n'aurait pas les moyens matériels et surtout intellectuels de se gérer lui-même, comme ne vous diront pas ses représentants-tuteurs, pour ne pas se déjuger eux-mêmes.

I.A Avoir dit Non au Traité constitutionnel européen (TCE) en 2005 est considéré par les partisans du Oui les conservateurs et les économistes orthodoxes, comme la preuve de sa bêtise de son incapacité à comprendre où se trouve son véritable intérêt. Le désamour actuel pour l'Union européenne (U.E) semble maintenant donner raison aux premiers.

L.P Napoléon 1er, devenu empereur, a réorganisé la France autour de lui. Il a créé un code civil. Ouvert aux grandes inventions qui ne demandaient qu'à s'épanouir dans une nouvelle Cité, il a encouragé l'exploitation des grandes inventions qui lui étaient présentées. La société pouvait profiter des bienfaits du progrès matériel apporté par ces nouveautés qui ont marqué le début de l'industrialisation. La modernité, effectuée dans le calme revenu, a fait accepter facilement la réorganisation monarchique du nouvel Etat.

I.A Sans se préoccuper des trois premières Constitutions de 1791 à 1795 ?

L.P Le coup d'Etat bonapartiste les a ignorées. Il a institué dans les faits un pouvoir redevenu personnel, aristocratique et héréditaire. Toutefois, une nouvelle classe, celle des ouvriers, allait apparaître, avec l'industrialisation naissante. Ce qui commençait à séparer la population des paysans en deux mondes que le système allait gérer difficilement par la suite. Bien que le suffrage censitaire ait été aboli en 1848, on peut dire que la France républicaine n'est devenue réellement démocratiques qu'avec la 4 e république qui a donné le droit de vote aux femmes. Devenu encore plus universel pendant la V e république qui a donné le droit de vote aux citoyens français à partir de 18 ans.

I.A Depuis la 1ère constitution de 1791, les citoyens sont dits égaux en droits. Mais les inégalités sociales de naissance et de classes sociales restent entières. Le législateur semble impuissant à les diminuer. Ce n'est pas par hasard que des slogans libertaires issus de mai 68 sont redevenus d'actualité 60 ans après avec des « rien ne va plus » « on est foutus » « on va dans le mur » etc. Comme à cette époque, on se retrouverait à nouveau dans une période de recherche d'une autorité supérieure, capable de tout remettre en ordre. Le risque d'un « sauveur », despotique existe.

L.P Une reprise en main est possible si l'on redonne les pouvoirs aux citoyens, hors partis politiques. Il faudrait qu'ils puissent lutter contre les groupes de pression politiques et économiques qui influencent le fonctionnement économico-sociétal du pays, soit par idéalisme soit par conservatisme. C'est une atmosphère délétère qui s'est installée depuis qu'être député est devenu un métier lucratif. Certains agissements de politiciens délictueux, n'empêchent pas ces derniers, même après avoir été condamnés, de renouveler, leurs mandats lors d'une prochaine élection : ils ont payé leurs dettes à la société disent-ils. Ils peuvent revenir en politique tant qu'ils n'ont pas eu de peine d'inéligibilité. L'électeur qui l'a porté au pouvoir a souvent tendance à pardonner assez facilement, car mettre à l'écart quelqu'un qu'il a élu, c'est se déjuger lui-même. L'honnêteté qui a été pendant les Lumières une nécessité morale du progrès social, semble avoir disparu.

I.A D'autant plus qu'intimement la plupart de ses électeurs pensent qu'un élu, dans le feu de l'action, prend presqu'inévitablement des risques pour lui, comme tout chef. Le plus grave est que la Justice est souvent impuissante à pénétrer ces milieux pour y faire la lumière.

L.P Il est vrai que la vertu en général n'est pas inscrite dans les constitutions. La valeur de l'exemple est une nécessité non seulement pour les députés, mais pour toute la classe politique. En premier lieu pour le principal représentant élu au suffrage universel, le Président de la République, qui anormalement n'est pas responsable constitutionnellement devant la Nation, quelle que soit sa conduite.

Patriotisme, fraternité, égalité

L.P La morale s'efface de plus en plus dans l'affairisme généralisé. Les valeurs d'Egalité et de Fraternité s'effacent progressivement devant la loi des marchés qui paradoxalement accentue la notion de Liberté, mais essentiellement sur ces marchés. C'est au nom de cette liberté, celle d'entreprendre, d'échanger, de laisser libre cours à la loi de l'offre et de la demande, que les autres valeurs républicaines s'oublient.

I.A Cette loi clé de l'offre et de la demande, est de plus en plus inégalitaire. Elle fait passer le profit individuel avant le bonheur commun…donc fraternel. Que deviennent la solidarité, le civisme face à de telles puissances ? Comment maintenir ces valeurs universelles, celles qui sont issues de 1789, de la Déclaration des droits de l'homme et du citoyen ?

L.P Chaque Etat est symbolisé par un drapeau, qu'il soit républicain, royaliste, impérial ou fédéral. Vivre dans cet Etat est une façon d'exister dans un certain état d'esprit de cohésion en appliquant certaines règles démocratique universelles du vivre ensemble. Etat qui a été souvent créé dans la douleur.

I.A   La « grandeur » de la France était la vision nostalgique du général de Gaulle. Après sa disparition, le patriotisme a été considéré comme ringard et même ridicule par une partie de la gauche, surtout parmi les jeunes. Ce qui restait du sentiment républicain s'est dissous dans la formation de partis politiques qui se sont rangés du côté du productivisme, sur la lancée des trente glorieuses.

L.P Ceci   malgré quelques résistances de certains, généralement situés à l'extrême gauche. Au point qu'arrivée au pouvoir en 1981 avec François Mitterrand, la gauche traditionnelle a subi la même pression libérale et capitaliste, en basculant en 1983 vers un « toujours plus » de libéralisme considéré comme indispensable au progrès. La Liberté a été revendiquée par et pour l'entreprise et la finance, sans se préoccuper de ses conséquences, de la façon dont elle s'applique dans le monde moderne. Les principes de tolérance, de solidarité et d'équité sinon d'égalité, sont difficiles à maintenir sous la pression de l'économie qui ne se soucie jamais de morale.

I.A Ne sommes-nous pas en train d'assister à une formidable revanche de l'histoire qui rejouerait les mêmes morceaux d'une même musique, en changeant seulement de registre ? C'est-à-dire revenir à une sorte de féodalité masquée, dans laquelle nous aurions un roi-président, une cour, (son parti), des seigneurs, les élites et les experts, les grands commis comme les ministres et toujours les vassaux, (le peuple) avec, au bas de l'échelle, les exclus de toutes catégories, les serfs et les esclaves du travail. Contre ce système qui ressemble déjà à un renouveau monarchique, il y a eu ce sursaut républicain fraternel en 1968 et le « touches pas à mon pote » des jeunes des années Mitterrandiennes. Et dernièrement le « Je suis Charlie ». Il y a heureusement des cas exceptionnels de cette nature où l'attentat direct à la Liberté républicaine, ne peut être toléré. Mais ce n'est pas permanent.

L.P Ces sursauts montrent bien que tout n'est peut-être pas perdu. Faudrait-il un soulèvement des citoyens pour que notre démocratie en perte de vitesse puisse restaurer une République citoyenne vigilante, responsable du bon fonctionnement de la cité et de la restauration de sa morale ?

I.A Pourquoi a-t-on abandonné ces valeurs républicaines? Le patriotisme était encore une grande tradition française jusqu'au début de la dernière guerre.

L.P C'est pourquoi certains parlent de « déficit » démocratique alors qu'on devrait dire déficit républicain. Ezra Suleiman parle de démantèlement de l'Etat démocratique. Bien d'autres confondent comme lui démocratie et république En fait, si l'on approfondit, c'est la République qui est visée. C'est l'absence de Fraternité qui explique l'évacuation du patriotisme, qui bénéfice à l'extrême droite nationaliste. Ou est-ce d'abord le manque de patriotisme qui fait oublier la fraternité ? Alors que c'était l'apanage de la gauche depuis la Révolution, il semble qu'une certaine gauche intellectuelle y ait renoncé.

L.P Cela vient probablement de la dernière guerre, où le salut aux couleurs dans la cour des écoles pendant l'occupation était accompagné du chant « Maréchal nous voilà ». et non de la Marseillaise qui était interdit ! Deux France séparées. La France patriotique et résistante, et la « France nouvelle » capitularde de 1940 qui, il est vrai, n'avait pas encore entièrement récupéré sa jeunesse perdue pendant la guerre 14-18. Victoire amère pour la France, puisque que l'Allemagne, également saignée, mais dont la population était plus nombreuse, pouvait retourner sa défaite en sa faveur, et ressouder ainsi toute sa population dans un esprit de revanche, conduisant à la guerre de 1939-45.

L.P Il est vrai que le peuple français, comme ceux des pays ennemis, était entretenu dans sa haine par une forte propagande permanente. En plus de la Marseillaise, les chansons patriotiques étaient nombreuses. Le « Chant du départ » par exemple exaltait le sacrifice suprême avec des paroles comme « Mourir pour la patrie, c'est le sort le plus beau, le plus digne d'envie… ».

I.A C'est une espèce de prise de conscience de l'inanité des guerres qui a conduit à la « ringardise » du patriotisme. Mais à cause de l'occupation, il y a eu la Résistance à l'extérieur et surtout à l'intérieur qui a maintenu le patriotisme.

L.P Il n'empêche que le patriotisme a été mal vu par les nouvelles générations après la deuxième guerre. Elles ont vu la France paradoxalement, se réconcilier avec ce même ennemi pourtant considéré comme « mortel » et héréditaire. Je mettrai en cause également la collaboration du pétainisme avec l'ennemi, et par la suite la perte de puissance économique due à la décolonisation. C'est peut-être une autre explication à la déliquescence du patriotisme.

I.A   Pourtant elle a   récupéré en grande partie sa puissance économique pendant les « trente glorieuses ». Aidée par le plan « Marshall » les investissements ont repris. C'est dans les milieux populaires qui ont vu leur pouvoir d'achat augmenter considérablement, que l'idée républicaine aurait dû se propager.

L.P Mais la croissance économique en faisant rentrer les classes moyennes dans la réalité, celle de la loi de l'offre et de la demande, le libéralisme, comme on l'a dit, devenu ultralibéralisme avec le temps, où l'exploitation facile des colonies avait disparu, a changé la donne. Sans ennemi à vaincre, Le patriotisme devient économique.

I.A Récemment pour défendre, son intégrité nationale, la Laïcité qui est le 4 e volet républicain, l'exception française, il a fallu réglementer le port du voile islamique à l'école, ce qui peut, à mon avis, être considéré comme un signe de faiblesse : incapacité d'intégration des minorités, ceci quelles qu'en soient les responsabilités. On peut comprendre pourquoi les traditions du pays d'accueil, ses mœurs et coutumes, ne sont pas suffisamment fortes pour s'imposer naturellement aux immigrés.

L.P Une République plus égoïste, moins fraternelle, l'aura emporté. Elle limite la tolérance qui en est un élément essentiel ! Ce qui montre que parfois des limites aux grands principes sont atteintes. La République, affaiblie se sent menacée par le communautarisme. Elle n'est plus respectée dans ses traditions parce qu'elle ne se respecte plus elle-même depuis l'absence du patriotisme qui aurait pu, ou aurait dû permettre l'intégration facile des traditions étrangères. Fier d'être français ? Combien le sont actuellement ? Alors que ce puissant sentiment d'appartenance existe encore parmi les autres pays occidentaux tels que l'Amérique ou le Royaume uni. Certes elle se retrouve en partie dans l'adversité quand elle est attaquée par des attentats. Comme pendant la Résistance sous l'occupation. Mais pour combien de temps ?

L.P Dès les années 1962, l'immigration a été encouragée pour que les grandes entreprises, essentiellement, les industriels de l'automobile, puissent bénéficier d'une main d'œuvre bon marché. Ces ouvriers non qualifiés, particulièrement exploités, ont dû accentuer leurs ressentiments envers un pays ex-colonial qui leur avait fait la guerre.

I.A Notre Constitution a changé les règles à la suite de la guerre d'Algérie. Le principe de la décolonisation était engagé et ne pouvait être réglé qu'avec un gouvernement ayant des pouvoirs exceptionnels, concentrés sur un homme, le général de Gaulle, considéré comme un sauveur à la fin de la guerre.

L.P Sauveur de l'honneur perdu par la défaite. Le général de Gaulle qui a symbolisé le premier résistant de France, n'a pu qu'achever la guerre d'Algérie avec la parole et l'ambiguïté de son projet, et grâce au soutien de l'armée de conscrits. La décolonisation était de toute façon enclenchée dans le monde.

I.A Malheureusement, elle avait commencé dans les années 50 dans la violence, si l'on se réfère au début du soulèvement de Madagascar maté par des bombardements massifs. Les descendants des anciens colonisés ont probablement hérité de leur manque de considération pour les valeurs républicaines de leur ancien colonisateur. Comment s'étonner du manque de respect, pour un pays dont le drapeau est aussi tâché de sang. Que le manque de respect en général, pour toute autorité soit devenu monnaie courante dans la génération soixante-huitarde au vu de ce passé colonial.

L.P Le système politique réglé par l'oligarchie gaullienne, sous prétexte de redonner sa grandeur à la France, malgré sa perte de puissance, est resté tel qu'il a été conçu par de Gaulle qui a voulu régler les pouvoirs démocratiques de façon définitive, en les dirigeant presqu'exclusivement en faveur de l'Exécutif, dominé par un Président omnipuissant. La constitution post coloniale, celle qu'il a fait adopter en 1962 par référendum, est restée telle qu'elle. Les successeurs politiques l'ont conservé depuis, sans véritable nécessité.

I.A C'est pourquoi vous avez parlé d'usurpateurs. Les présidents de la République qui lui ont succédé ont simplement profité de la situation pour prendre une place, qui n'avait plus lieu d'être.

L.P La Grande Bretagne avait commencé aussi sa décolonisation, mais sans violence. La France a poursuivi en utilisant le référendum pour donner l'indépendance, aux autres colonies qui la voulaient c'est-à-dire avec la forme la plus démocratique possible. Pour compenser cette perte de source de richesses, due au commerce extérieur devenu difficile, il fallait que les entreprises concernées intensifient la production interne, mais au détriment des classes sociales moyennes et défavorisées, qui en subirent alors la pression dans leur rapport au travail.

I.A Comment retrouver ce patriotisme ?

L.P Difficile de changer la donne. Quand un émigré veut obtenir la nationalité américaine, on lui fait passer un minimum d'examens sur le plan civique et on lui fait prêter serment. J'insiste sur cet engagement d'ordre moral que l'on a mis de côté depuis des décennies en France, le serment.

I.A Il est vrai qu'il a un aspect de sacralisation d'origine religieuse qui ne serait pas accepté facilement par une France laïque.

L.P On peut le laïciser. Par exemple en jurant sur la Déclaration Universelle des droits de l'homme et du citoyen. Je pense qu'il serait bon que l'élection d'un Président de la république soit sacralisée par l'engagement solennel de respecter ces valeurs. Pour les postulants à la nationalité française, ce ne serait ni du nationalisme ni de la démagogie, mais un minimum de respect pour le pays d'accueil. C'est aussi sur la validité des symboles moraux qu'on juge un pays.

L.P C'est effectivement un argument. On ne laisserait pas de cette façon à un parti politique d'extrême droite l'argument électoraliste populiste axé sur la difficulté d'intégration de certaines communautés. Au Canada également, l'obtention de la nationalité est consacrée par une cérémonie particulière à laquelle assistent même les enfants. Les émigrés passent un examen civique et prêtent serment. Se réapproprier quelques symboles républicains à ces occasions permettrait au postulant à la nationalité, de respecter une nation avec ses traditions, en acceptant plus facilement de considérer les siennes propres comme secondaires.

I.A Faudrait-il réentendre l'hymne national après chaque allocution d'un Président de la République, comme c'était encore le cas jusqu'aux années 70 ? Comment respecter ces valeurs morales quand récemment, des présidents de la république se couvrent de ridicule dans leur comportement privé. Quand Jacques Chirac, sous la pression de la rue, dit après avoir fait voter une loi, sur le CPE, qu'il ne fallait pas en tenir compte. Ou quand l'ex Président Sarkozy, triomphant, dont la vulgarité était patente, n'a pas hésité à considérer que sa fonction était un bon « job » donc vu uniquement sous son aspect mercantile. Quand le Président de la République actuel, le plus haut magistrat de l'Etat, se ridiculise avec ses frasques amoureuses ? Comment respecter un pays quand le représentant de sa plus haute autorité ne respecte pas la France, en avouant implicitement que son ambition forcenée était de parvenir au pouvoir ? Briguer la présidence pour la France, a priori pour satisfaire son orgueil, est malsain pour la démocratie. Sans compter la perspective d'émoluments substantiels, qui ne seront pas totalement perdus.

L.P La popularité des Présidents depuis leurs élections au suffrage universel, en 1962, leur est nécessaire pour être élu. Mais sur quels engagements ? Ne pas respecter ces engagements n'a d'influence que sur leur cote de popularité. L'élection Présidentielle est devenue une imposture. La constitution ne prévoit pas de destitution. Le Président de la

République n'a aucune responsabilité. Il n'a pas à répondre même face au Parlement. Quel responsable politique a dit qu'il leur fallait se consacrer à tout faire pour appliquer les grands principes décrétés par la Révolution ? Alors que tous les Présidents qui ont suivi, ont accepté la technique comptable qui est inscrite dans la constitution, d'équilibrer le budget national en toutes circonstances.

I.A Ce qu'ils n'arrivent d'ailleurs pas à faire ; Pour autant il me semble que la notion de respect d'anciennes valeurs morales devrait être à nouveau présente.

L.P J'ai l'avantage d'avoir vécu ma première jeunesse pendant la 4e République, parfois si décriée. Concernant le « vivre ensemble », je peux témoigner qu'il était présent, malgré, ou peut-être à cause, des difficultés existentielles matérielles. Une certaine convivialité de classes était entretenue par les intellectuels de gauche, les petits fonctionnaires, les professeurs de l'Education nationale. L'égalité, la fraternité de presque toutes les classes sociales, entretenue en plus par le marxisme d'une partie des jeunes générations, a pu facilement accompagner le bouleversement de mai 68, qui a été déclenché au départ sur la seule libération des mœurs.

L.P Le civisme, qui est la forme politisée du patriotisme, pourrait être enseigné dans l'Éducation nationale dès la 3 e classe. Comme il l'était par les instituteurs des républiques précédentes dans l'école communale. Un civisme qui ne consisterait pas uniquement à faire connaître les Institutions, mais qui apprendrait quelques règles de base du comportement en République.

I.A Depuis 2015 le civisme commence à être enseigné dans les écoles. Le civisme est difficile à enseigner dans une époque où les difficultés économiques sont ressenties par une grande partie de la classe sociale. Cela se fait quelques fois en ce qui concerne l'environnement, (ramasser les ordures, etc.) mais cela reste insuffisant s'il s'agit du respect des valeurs Républicaines.

L.P On constate de plus en plus son absence par l'abstention électorale. Le premier civisme consiste pourtant à redonner force aux institutions démocratiques par le vote. C'était la façon d'appliquer la devise républicaine. S'y référer est un atout contrairement à ceux qui estiment que tout dans le passé est « ringard ». Il me parait certain que l'appel des écologistes à une « décroissance » économique, à un moratoire sur le progrès matériel est aussi une tentative de répondre à cette tendance de perte de valeurs unitaires, encore une fois due à une course au bien-être matériel mal maîtrisé.

I.A On devrait accentuer le fourmillement incontestable depuis quelques années des festivals, animations de toutes sortes qui réunissent les différentes couches de la population lors de manifestations populaires. Les réseaux sociaux sont un signe de convivialité qu'ils maintiennent en partie. Il y a les rencontres du patrimoine qui ne demande qu'à être exploitées davantage. Mais les flonflons des bals dans les quartiers des villes ou dans les villages, la joie et les chansons populaires, antidotes à des difficultés d'existence de ce temps ont presque disparu. La cupidité, la course aux satisfactions matérielles l'emporte. Alors que, primauté donnée à l'économie, les subventions aux associations locales se sont amenuisées. Les villages, les campagnes ne demandent qu'à faire revivre la France profonde.

L.P Je crois que le sentiment national existe toujours, mais ne trouve plus ses repères dans l'État actuel. Les valeurs républicaines s'amenuisent devant l'égoïsme du libéralisme. D'où le déficit démocratique en question. Il ne faut pas se leurrer, on ne reviendra pas ce faisant, à la République des années 50.

I.A Vous pensez donc que le progrès, que l'« American way of life » qu'on cherche à imiter depuis la fin de la dernière guerre, les a progressivement remplacés ?

L.P Les pressions économiques se sont fait sentir d'autant plus que la dernière « religion » civile des années 50, l'idéal marxiste, a pratiquement disparu depuis 1989, avec la fin des régimes communistes de l'URSS. Les valeurs morales, dont vous parlez, c'est dépassé. Vouloir revenir en arrière, c'est réactionnaire disent certains. Il fallait avant tout admettre la réalité des lois économiques depuis les années 80.

I.A Sans revenir à l'opposé, à un état d'esprit cocardier ou populiste, redonner un peu de couleurs aux symboles républicains, diminuerait le nombre des abstentions lors des élections, redonnerait une vraisemblance à la représentativité de l'Assemblée nationale !

L.P Je vais justement essayer de répondre à ce problème de représentativité qui est essentiel, quand j'aborderai le rôle des Assemblée nationales. Si l'on est pessimiste, on dira qu'on va vers la fin d'une certaine République, vers le déclin d'une certaine démocratie et peut-être même de notre civilisation plurimillénaire. Pour ma part je suis optimiste, je crois à un sursaut républicain, sinon je ne me serais pas attaché au travail présent. Il y a sur Internet de nombreux sites « résistants » qui se réclament d'une nouvelle République. Souvent des déçus de la gauche qui me font penser que tout est possible. Ou quelques anciens Gaullistes et résistants qui se réclament du Conseil national de la Résistance. Des groupes se forment sur Internet tels que le M6R, le Mouvement pour la 6 e République. Une autre Economie est possible.

L.P. Quand primauté est donnée à l'individu, il est normal que ce qui par définition fait un pays, ce qui forme son identité, ces valeurs d'union civiques, aient tendance à disparaître. Sans aller jusqu'à prôner la « France éternelle », sans aller jusqu'à vouloir retrouver la « grandeur » gaullienne, il me semble souhaitable de revenir à une certaine convivialité, pour ne pas dire fraternité, qui a disparu dans le mouvement de compétition mondiale. Restaurer la République en s'arc-boutant sur ses valeurs me parait indispensable.

I.A. Pourtant l'Amérique qui est le modèle d'un système où l'individu est roi, garde toujours ses valeurs patriotiques.

L.P. Ce qui unit l'Amérique c'est la fierté de savoir que leur pays est le plus fort du monde. Leur hégémonie est indiscutable. C'est devenu un empire qu'on pourrait d'ailleurs comparer avec l'Athènes démocratique quand elle a dominé le monde méditerranéen. Mais il faut sortir de l'incantation. Il faut donc partir sur des nouvelles bases saines d'autant plus que le fameux réalisme mis en avant par les économistes orthodoxes devrait nous faire prendre la véritable dimension de la compétition mondiale d'où nous ne pourrons nous échapper qu'en reconstruisant notre système démocratique sur nos valeurs républicaines.

I.A En l'enfermant dans un système ultralibéral réglé par la compétitivité acharnée entre les pays, on bouche l'avenir d'une bonne partie de la jeunesse laissée à la merci du chômage. Le système ultralibéral destine les plus faibles à une servitude qui n'existait pas dans les années 70.

L.P D'où la soif de la population de secouer le carcan du chômage structurel. Il y a une carence inadmissible d'efficacité de lois votées pour le diminuer. Un contrôle du budget moins strict et une meilleure répartition des richesses sont susceptibles de changer cet état de fait. Pourquoi ne fait-on rien dans ce sens ?

I.A Les responsables sont pris dans ce carcan néolibéraliste. Ils craignent de s'isoler des autres pays. Pris dans l'engrenage de l'Union européenne, ayant perdu la maîtrise de la finance ils craignent des représailles internationales.

L.P Il faut donc aborder l'influence des groupes de pression.

PRESSIONS ANTI DEMOCRATIQUES

Carcan politique des institutions

I.A Des politiques, des fonctionnaires, sont parfois sensibles à la corruption si l'on en croit les affaires politico-financières d'entreprises publiques ou semi-publiques, dénoncées en particulier par Eva Joly. On peut évoquer les cas de maladies professionnelles dues au contact avec l'amiante. On sait que la commission chargée d'évaluer ces risques et de préconiser si nécessaire des mesures pour faire cesser rapidement cet état de fait, était composée en partie d'industriels concernés par la fabrication de ce matériau ! On a constaté la lenteur de la mise en application de ces mesures. Concurrence libre et non faussée donc sans régulation, sans contrôle démocratique, individualisme contre égalitarisme.

L.P L'administration gère indirectement la propriété de tous, dont l'immobilier qui a connu ses scandales. Elle intervient dans le Commerce, dans les transports et la circulation, dans la Santé, dans l'Education nationale, dans l'agriculture et en général dans l'environnement, et même dans l'art et la Culture. La fonction publique est souvent en retard d'adaptation. Elle est impuissante, peut-être par manque de moyens à régler les problèmes qui surgissent inévitablement dans la société plurielle modernisée à outrance. Beaucoup se retournent contre les députés car ce sont eux qui, représentants du peuple, sont théoriquement les garants du bon fonctionnement de la République. Mais c'est l'administration publique, cet autre intermédiaire, indispensable à l'Exécutif, qui commande le système de fait, en essayant de le régler de façon pérenne, malgré sa complexité croissante. Les budgets de chaque ministère bougent peu. Les experts, les hauts fonctionnaires, et à leur têtes les présidents de la République, grands commis de l'Etat, n'ayant qu'une expérience livresque de l'entreprise, sont presque impuissants face à celle-ci, qui est devenue prioritairement responsable de l'activité humaine. D'autant plus qu'elle s'est libérée de toute contrainte pour faire face à une concurrence acharnée. D'où la tendance à la privatisation des services et entreprises publics qui s'est progressivement imposée face à cette incurie. Avec le profit comme seul objectif au détriment évident de la population qui subit les conséquences des privatisations, et l'absence d'investissements structurels en sa faveur.

I.A Selon notre constitution actuelle, le gouvernement gouverne pratiquement avec une administration ancienne. C'est lui qui définit les projets de loi. Le législateur en partie muselé vote ce qu'il lui propose. Trop préoccupés des problèmes électoraux nos édiles se coupent de la population qui sent cette impuissance. Les « réformettes » votées continuellement sous la volonté le gouvernement, censées remédier aux difficultés nationales et internationales quotidiennes pour se conformer notamment aux directives européennes, sont en majorité axées sur l'économie.

L.P Mais elles arrivent souvent trop tard et perdent leur force de ce seul fait. Les espaces de liberté individuelle, réservés au tout économique, se sont restreints. La production qui flatte les goûts souvent pervers de la consommation sans freins et suit les lois de la concurrence, écrase les plus faibles, y compris dans son propre système, sans discernement. A chaque session parlementaire de nombreuses lois sont votées, inspirées par les hauts fonctionnaires ou les chefs de cabinets, ou par des groupes privés, les lobbies, dont certaines ne sont pas appliquées, dès qu'elles sont confrontées à la réalité. D'autres ne sont pas promulguées parce qu'elles en contredisent certaines déjà en cours.

I.A D'autres encore sont mal rédigées. Philippe Sassier et Dominique Lansoy (UBU loi chez Fayard) en ont dénombré 10 500 auxquelles il faut rajouter 120.000 décrets, arrêtés, des ordonnances, etc.

L.P Dans le préambule de la Constitution pourtant démocratique, on ne distingue pas la forme représentative de la composition de l'Assemblée nationale : « le gouvernement du peuple par le peuple pour le peuple » est une formule vague. Y figure à, peine la nécessité de représenter ce peuple à l'aide de partis qui seront aidés financièrement selon leur importance. L'électoralisme à l'américaine, probablement par mimétisme, y a introduit également l'abstention, signe de mauvaise représentativité.

I.A Aider à l'élection était déjà une caractéristique athénienne puisque c'étaient les riches édiles qui mettaient eux-mêmes « l'argent à la poche » pour faire fonctionner le système et remporter les suffrages éventuels.

L.P Certes mais pourquoi aider les partis politiques déjà puissants ? Il y a le risque de fausser les résultats. Normalement les représentants-députés ont la légitimité qui correspond à la confiance que leur accordent les électeurs pour agir au mieux de leurs intérêts. Depuis le Révolution, les partis politiques de gauche défendent des valeurs plutôt populaires, selon un idéal au départ progressiste, pour le bien-être, ou au contraire les partis de droite conservateurs, qui penchent plutôt en faveur du patronat dont l'intérêt est d'abord financier. Il se trouve que désormais, subjuguée par les bienfaits du matérialisme, les deux tendent, par réalisme (?) vers un objectif de grossissement permanent, de croissance aveugle. Je propose de rectifier ce système électoral néfaste et inégalitaire qui pollue la politique à la base. Il faudrait débarrasser la politique de sa marchandisation. Il suffirait de supprimer les articles correspondants aux aides de l'Etat dans la Constitution. Là aussi le privilège que donne l'argent est à proscrire.

I.A On dit « entrer dans l'arène politique », ce qui explique l'indulgence et une certaine complicité de la part de ceux qui, occupés par la vie quotidienne ne peuvent pas prendre leur place. Depuis toujours la morale et la politique ne font pas bon ménage. L'argent corrompt, même dans un pays comme la France où la religion catholique le déconsidérait, pourtant, traditionnellement.

L.P Les politiques sont dans un microcosme, qui leur fait perdre leur point de vue de simple citoyen. Les principaux partis, soi-disant par réalisme, traduisent d'une certaine façon le libéralisme économique généralisé qui nous entoure, estimant que l'expérience soviétique a apporté la preuve que la prospérité des peuples ne pouvait se réaliser dans un système totalement étatisé. La lutte des classes, pour la gauche, s'est estompée. Pour remédier aux conséquences du libéralisme excessif qui l'a remplacée, il faudrait que nos élus aient conscience des besoins de leurs électeurs qui ne sont pas que matériels. Un minimum d'idéalisme me parait indispensable, ne serait-ce que dans l'égalité et la fraternité entre les citoyens.

I.A. Ils savent que la politique est souvent dénigrée : quand ils sont au pouvoir, ils sont rendus responsables de leur incapacité à rechercher l'accomplissement de l'individu selon un idéal qui était le leur. Celui qui croyait à un idéal, et celui qui n'y croyait pas… Quelles que soient les promesses des progressistes ou des réformateurs, les besoins spirituels, n'ont pas disparu. Bonheur et prospérité sont liés matériellement et spirituellement.

L.P Ce qui n'empêche pas ces représentants, considérés comme incapables ou impuissants, d'être souvent réélus !

I.A Ils ont beau jeu de dire pour se défendre, qu'ils n'ont pas eu les moyens suffisants à cause du système. Parfois ils ont pu aider directement la circonscription qui les a élus. S'ils retournent à leur électorat, les électeurs n'ont pas toujours le choix : ils pensent rester fidèles à leur premier engagement guidé par leur appartenance à un parti politique, dont l'opinion se rapproche de celle de la classe à laquelle ils appartiennent. Le bon sens populaire leur rappelle qu'on sait ce qu'on a et qu'on ne sait pas ce qu'on peut avoir. Pour leurs électeurs, la peur de l'inconnu, le scepticisme, les entraînent à l'apathie et au suivisme moutonnier encouragé par les médias. Ce qui se traduit de plus en plus par l'abstention, malgré quelques sursauts selon l'importance de l'enjeu.

L.P Chaque individu reste imprégné des valeurs spirituelles et morales qui ont fondé la République. Alors que dans la classe politique certains semblent avoir perdu celles de l'honneur, de la justice, du sentiment patriotique, la vertu de l'exemple etc. Bref tout ce qui est maintenant considéré comme hypocrite, dépassé au bénéfice des nouvelles valeurs telles que la réussite à tous niveaux, l'arrivisme, le culte de l'argent redevenu roi, sous prétexte que le réalisme du chacun pour soi reste la seule logique à prendre en compte pour faire fonctionner le monde. Les « Enrichissez-vous » « laissez faire, laissez passer » sont des slogans adoptés par les régimes démocratiques par réalisme. Comme si l'histoire n'avait pas démontré que ce n'était pas suffisant et que d'autres valeurs devaient dépasser ce dogmatisme.

I.A En somme, notre démocratie qui normalement aurait dû instituer des organes chargés de faire respecter l'égalité des droits pour le bonheur des citoyens n'y parvient pas. Ces droits qui lui étaient confisqués dans les anciens régimes, le sont redevenus en partie dans le nôtre.

L.P En France, la difficulté est accentuée par une organisation trop centralisée. Le pouvoir exécutif est transmis des ministères aux préfets, et des préfets en partie aux maires. La question de l'Etat omniprésent, tout puissant, reste posée, malgré les tentatives de décentralisation en cours.

I.A Notre démocratie, en perte de vitesse, serait devenue une sorte d'imposture ? En quoi une nouvelle constitution pourrait-elle reprendre la main et réussir à maintenir les valeurs républiques en déliquescence?

I.A Les deux tiers des lois qui sont votées chaque année par l'Assemblée nationale ont pour origine les directives européennes. C'est dû à une mauvaise répartition des pouvoirs depuis la constitution de 1962 qui force la main des députés, en les obligeant à voter des lois sous la pression de l'Union européenne et de ses directives.

I.A Comment pourrait-on combattre cette tendance au gonflement d'une bulle législative ordonnée par l'Exécutif et la commission européenne ?

L.P.   Pour une meilleure gouvernance, il faudrait augmenter le nombre et surtout les moyens de la fonction publique contrairement à la doctrine restrictive actuelle. Il y a quelques décennies, la France était considérée comme ayant la meilleure fonction publique. Il se trouve que proportionnellement à sa population elle est aussi la plus nombreuse des pays occidentaux. Ce qui incidemment est une façon de faire obstacle au chômage. Etat dans l'Etat mais sans haute vision politique d'avenir émanant des gouvernants. La tendance, paradoxalement semble s'inverser du fait de la disparition de certains services publics qui ont été privatisés. Il faudrait à nouveau y revenir sous la pression des évènements. Ne serait-ce que pour maintenir l'ordre. Le manque de moyens qui vient d'un budget trop maîtrisé ne permet pas d'envisager un monde différent dans l'immédiat. L'Etat est tiraillé par des groupes de pression politiques qui exigent des réformes allant dans un sens qui est le plus favorable à la classe, à la famille politique auxquelles ils appartiennent. Les situations conflictuelles sont devenues beaucoup plus nombreuses. Paradoxalement, le droit, qui est censé protéger l'individu, finit par l'enfermer dans un carcan, peu visible de fait de la lenteur qu'il a eu à se former. Boucher en plus l'avenir d'une bonne partie de la jeunesse en l'enfermant dans un système ultralibéral automatisé où le travail manque, n'arrange rien.

I.A L'Assemblée nationale a voté une loi réglementaire sur la sécurité des ascenseurs, un droit de ne posséder un chien d'une certaine catégorie jugée dangereuse, que sous certaines conditions, une restriction à fumer en tous lieux, une interdiction de se grouper dans les entrées d'immeubles, etc. Interdire ou autoriser certaines coutumes, dans le domaine social et moral. Ces lois sont souvent émotionnelles. Elles sont votées rapidement à partir des cas isolés montés en épingle de façon spectaculaire par une télévision soucieuse d'audimat. D'autres traitent des grands problèmes de société, impliquant la santé, le climat et l'environnement, mais rencontrent des oppositions de fond de la part de grandes entreprises puissantes qu'il faut protéger pour éviter les licenciements. Dans tous ces cas, le souci démagogique électoraliste des faiseurs de lois est évident.

Carcan capitaliste du patronat

L.P Certaines règles concernant les employés et ouvriers sont contraignantes. Leur rôle d'exécutant est pourtant protégé par le code du travail Mais ils n'ont pas toujours la liberté de choisir leurs nouveaux maîtres ces chefs d'entreprises, dont certains sont des privilégiés, à qui sont réservé des salaires souvent énormes sans justification, toujours indécents, parfois extravagants.

I.A Ce que certains auteurs dénoncent comme un « déficit » démocratique provient souvent de l'aliénation des ouvriers du système capitaliste non seulement inégalitaire mais prédateur, né à l'époque industrielle.

I.A Les catégories professionnelles, sous la pression économique, se sont depuis beaucoup diversifiées. Les syndicats ont perdu leurs repères. Ce qui explique leur peu d'influence pour augmenter le pouvoir d'achat, solution keynésienne seule capable d'augmenter la croissance.

I.A L'augmentation des salaires, en moyenne de 15 %, à la suite du Grenelle de mai 1958 a été un contrecoup spectaculaire, qui a relancé l'Economie jusqu'aux années 80.

L.P Certes, en ce qui concerne la grande industrie. Mais pour un temps seulement. Le patronat a réussi à amortir ce choc en compensant ces charges par des gains de productivité. Et en augmentant les prix. Il a en permanence la possibilité de résister aux pressions sur le pouvoir d'achat par le chantage à l'emploi, grâce à l'épée de Damoclès du licenciement.

I.A Les choses se sont dégradées à partir des années 80. Une inflation importante, qui accompagne toujours la croissance quand elle est significative, celle des trente glorieuses, gênait les prêteurs. La stabilité de la monnaie est leur principal souci. Les dirigeants de cette époque ont considéré comme dangereux pour le pays tout entier un niveau d'inflation trop élevé. Rien n'a jamais été prouvé dans ce sens. On sait au contraire que pendant ces trente années le pouvoir d'achat réel, hors inflation, pourtant importante, a augmenté de 5 % par an !

L.P La République a néanmoins subi des profonds changements culturels et idéologiques, après ce soulèvement. Mais sur le plan économique, avoir réussi à contrôler l'inflation a enclenché le processus du chômage de masse devenu structurel pour les raisons que je viens de citer, qui consistait à baisser les charges salariales par tous les moyens. On a dit que le capitalisme, du 19 e siècle était né avec l'argent des grandes entreprises. Il était embryonnaire avec la création de la monnaie donc quelques siècles avant la démocratie athénienne. La richesse accumulable commence bien à cette époque, mais a pris sa puissance et sa violence qu'après une forte croissance due aux grandes inventions.

I.A D'où la prédation due à l'aliénation des salariés, dénoncée par Lénine et Marx. C'est le premier carcan qui entrave le principe libertaire de la République démocratique. La démocratie n'est donc pas achevable à cause du principe même du libéralisme économique.

L.P La richesse accumulée a presque disparu avec l'abolition des privilèges en 1789 confirmée dans la 1ère constitution de 1791. Mais la finance dont elle est l'instrument, est restée, bien que sous-jacente. Elle a passé des mains de l'aristocratie monarchique, aux patrons d'industrie naissante, autre aristocrates.

I.A Le président Ford au début de l'industrialisation américaine a dit que « ce qui est bon pour General Motors, est bon pour notre pays ». Ce n'est pas transposable en France. D'autant plus, ironie de l'histoire, que sans l'appui financier de l'Etat américain et la Fed qui l'a renflouée pendant la crise des « Subprimes », cette firme, pourtant « trop grosse pour faire faillite » aurait disparue, comme Lehman Brfothers.

I.A Aider les entreprises est la règle, et le restera dans le monde capitaliste, dominé par la finance tant qu'elle sera aussi peu contrôlée. Ce que l'Etat ne peut pas faire sans banques nationalisées.

L.P Il faut donc réguler autrement pour que le dogmatisme ultralibéral ne fasse pas souffrir le monde du travail, au moins celui du bas de l'échelle.

I.A Les privilégiés, et les financiers qui œuvrent pour leur propre compte dominent. Vous préconisez un système anticapitaliste ?

L.P Pas tout-à-fait. Disons que je reste réaliste. J'estime que revenir à une autre société où l'ultra libéralisme ne serait pas la règle me paraît déjà suffisamment difficile à atteindre à moyen terme. Une autre économie moins prédatrice suppose une volonté qui n'existe plus dans les grands partis politiques dès qu'ils sont au pouvoir.

I.A Pour quelles raisons ? Pourquoi pas un capitalisme moral comme l'a suggéré un homme politique récemment ?

L.P Moraliser l'argent n'a pas de sens. Le pouvoir financier est celui des banques dont on ne peut se passer. Mais contrebalancer son pouvoir est possible. C'était le cas jusqu'aux années 73. Date du véritable début de la rigueur dans la mesure où l'Etat était obligé de financer ses déficits par les banques.

L.P Pour que les liens de subordination ne pèsent pas trop lourd pour les salariés, on a progressivement installé un code du travail, devenu alors très complexe, dont le but est de faire progresser l'Entreprise sans entraves. Le libéralisme consiste à donner le plus de liberté possible à l'entreprise dans un monde où seule compte la compétition économique. On comprend que les relations de domination des patrons aux subordonnés, employés et ouvriers, soient revenues en force dans un monde où le plein emploi est loin d'être assuré. Alléger les charges pour les entreprises c'est peser sur le salarié qui voit ses acquis sociaux diminuer. C'est une technique contre-productive adoptée pourtant par les gouvernements sous l'influence d'économistes orthodoxes.

I.A La perte des repères républicains, la pauvreté et les bas salaires des travailleurs pauvres en est le prix à payer. Face à l'indécence invraisemblable de la richesse des grands patrons, et autres « profiteurs » du système libéral, comment respecter encore une fois un pays qui néglige l'égalité et la fraternité républicaines ?

I.A Ce carcan qui étouffait la nouvelle classe moyenne qui venait d'émerger a été soulevé par la jeunesse étudiante en mai 1968, bien qu'il ait été axé, aux yeux de la jeune génération, contre un Etat policier indifférent à un besoin de libération d'une jeunesse entravée par les us et coutumes, par des mœurs qui n'avaient pas évolué pendant guerre, et que la modernisation, la libéralisation économique avaient relégués au second plan.. Mais la jeunesse étudiante attentive à la contestation politique de gauche intéressée par l'idéal communiste soutenu à extérieur par l'URSS et le maoïsme naissant, s'est rebellée. Ce mouvement libertaire, qui s'est élevé contre les traditions a redonné force à la Liberté républicaine. « Il est interdit d'interdire », était un des slogans connus qui fleurissait sur les murs. Mai 1968 a desserré le carcan mais pas suffisamment la politique dirigiste qu'elle sous-tendait. En particulier le poids du capitalisme sur le monde du travail n'a été que momentanément soulevé à cette occasion.

PC. En effet la grève quasi générale répercutée par le monde du travail a fait accepter par le patronat une augmentation brutale des salaires. On n'avait jamais vu un tel rattrapage du pouvoir d'achat.

L.P Période faste sur le plan social que les chiffres ne suffisent pas à évoquer. Quarante ans après, ce soulèvement qui a changé les mœurs ne s'est calmé qu'à la suite d'un Grenelle des salaires destiné à la redistribution des richesses. Ce qui nous oblige à toujours repenser la démocratie sous les contraintes économiques du patronat.

L.P. C'est-à-dire sous son aspect capitaliste de la propriété des moyens de production. Le marxisme est encore une doctrine latente dans le monde intellectuel.

I.A Mais moins dans le monde des employés. Et en forte baisse dans le monde des ouvriers syndiqués que le même patronat a réussi à disperser. Le principe égalitaire ne trouve plus ailleurs ses repères.

L.P. Les pressions patronales se font sentir par l'intermédiaire des cabinets ministériels ou par hauts fonctionnaires interposés, ou encore lors de dîners en ville. Quelques fois, de façon plus ouverte, par l'intermédiaire de groupes « d'études » qui incitent les députés du parti au pouvoir à déposer des amendements.

L.P Les promesses pour adapter après un temps long, le fonctionnement d'un système qui devrait débloquer l'évolution sociale vers plus d'autonomie et moins d'inégalités n'est toujours pas en phase avec les besoins profonds de la population. Ceci d'autant plus que la lutte des classes a cessé d'être d'actualité quand l'URSS a disparu pour entrer dans le monde du libéralisme. La classe moyenne venait d'émerger. Ceux qui ont connu cette période faste en gardent certainement la nostalgie. Jeune adolescent j'en ai fait partie. Le progrès matériel entraînait des avancées sociétales en permanence. Sans espérer le retour d'une telle époque « glorieuse », on peut en tirer des enseignements.

Carcan économico-sociétal

I.A Entre les règles déjà établies et celles des nouvelles lois qui suivent l'évolution de la société, les informations se dispersent. Le système subit l'absence de moyens, et dérive vers un libéralisme économique extrême rendant la gestion du social plus difficile face à des grands groupes d'intérêt.

L.P Effectivement même le contrepoids des impôts sur l'entreprise ne suffit pas équilibrer cette pression. Surtout depuis que seul subsiste l'impôt sur le bénéfice des sociétés qui reste soumis à la concurrence mondiale. Il est dommage que la taxe sur le chiffre d'affaires ait disparu, remplacée par la TVA qui pèse exclusivement sur la population tout en libérant l'entreprise. A noter qu'aux U.S.A où la TVA n'a pas été instaurée, subsiste la taxe sur le chiffre d'affaires. Ce qui contribue probablement avec un meilleur équilibre des impôts, à favoriser la reprise.

I.A Il faudrait « renverser la table », c'est-à-dire, supprimer certaines disposition établies par des lois trop orientées en faveur du libéralisme, mettre des freins à des techniques financières, modifier les comportements, orienter l'économie autrement.

L.P Il n'y aurait qu'un gouvernement obligé de se soumettre à une Assemblée Nationale souveraine et totalement indépendante qui serait susceptible de le faire. La constitution en place rend obsolète l'organisation des bases politiques qui en a été déduite. Les grands partis politiques, laissent moins de place aux différentes formes de pouvoirs populaires.

I.A Vous voulez dire que l'économie, est le reflet de l'activité de la société que la politique structure.

L.P Oui. Depuis que la monnaie existe le système qui organise l'économie et la société est celui de la politique mise en œuvre par l'homme. Ne serait-ce qu'à l'aide des impôts qui répartit les richesses qu'il produit. N'oubliez pas que c'est pour lui mieux faire payer les impôts que le tiers Etat a été réuni et que les artisans proches de la Bastille, qui en subissaient fortement la pression, ont été les premiers à la prendre.

L.P L'erreur de de Gaulle, est d'avoir voulu donner la suprématie aux grands partis pour la représentativité populaire, mais sans lui donner réellement le pouvoir par peur de perdre sa propre autorité Pour contrer à cette époque le parti communiste qui était le premier parti de France à la Libération, il a fondé un parti dit populaire, le RPF, Rassemblement du peuple français, conforme à sa vision de la France profonde. Il estimait nécessaire de limiter les déviances partisanes d'un système qui ne pouvait qu'entraîner des transmissions de la volonté des classes réellement populaires dont l'idéal est l'égalité. Dans un contexte où l'économie repose sur la libre entreprise, le

60

capitalisme qui a pu se libérer de l'idéalisme communiste a progressivement pris tous les pouvoirs politiques.

I.A Les démocraties anglo-saxonnes protestantes admettent le capitalisme par réalisme. Leur instrument, l'argent, est admis comme une manne divine. Seuls les syndicats ont la possibilité de s'y opposer, ce qu'ils font certes quelquefois mais quand les abus de pouvoir patronal est trop flagrant, en faisant à leur tour pression pour obtenir des compensations à l'affaiblissement de la valeur travail. C'est un rempart, mais dans le contexte d'une population de travailleurs, mais très diversifiée, elle n'a pas acquis la puissance institutionnelle suffisante pour être partie prenante dans le système démocratique à part entière. On le voit dans la composition des Assemblées nationales où les ouvriers n'ont qu'un député.

L.P Le chômage structurel est une aliénation supplémentaire dans le monde du travail qui leur a ôté les forces de combattre. La pression exercée par le patronat à travers les grands groupes est de plus en plus forte depuis que le « modèle » de la Russie soviétique a disparu. Les dirigeants n'ont que peu de moyens de s'opposer au chantage qu'il exerce sur la conduite des affaires, par le droit d'embauche et de licenciement. Je n'insiste pas sur cet aspect des choses bien connu.

Lobbies et pressions de la finance

L.P Le problème du chômage est trop vaste pour l'aborder dans le cadre de notre discussion sur la constitution. Je l'ai traité par ailleurs dans un livre sur le libéralisme paru en janvier 2013. Les solutions que je préconise ne pourraient voir le jour que si un gouvernement d'un autre type, c'est-à-dire non partisan, était aux commandes. Ce qui nous ramène à notre propos actuel.

L.P Le carcan financier dénoncé de plus en plus par des économistes hétérodoxes, domine le monde économique actuel. La loi de l'offre et de la demande est leur seul domaine. Leur puissance dépasse celle du grand capital industriel. La puissance de la démocratie ne peut la combattre efficacement parce qu'elle se heurte à la nécessité du progrès matériel, possible uniquement sur les marchés. Cette pression pernicieuse est instrumentalisée par des banques, qui règnent sur le monde libéral en prêtant aux particuliers et aux Etats. Ce pouvoir financier, qu'il faut distinguer du capitalisme qui règne sur le monde du travail, a réussi à pénétrer les esprits de nos dirigeants. Ils estiment ne pas pouvoir s'en passer. Ce qui est exact depuis qu'il est interdit aux membres de l'U.E de fabriquer leurs propres monnaies. La privatisation de certaines entreprises nationales est généralement justifiée par des besoins de financements internes. Au contraire, en cas de nécessité, pour éviter des dommages sociaux, on nationalise les pertes de certaines entreprises privées, au détriment du contribuable. La maîtrise de sa monnaie et du budget national pourrait éviter ces expédients.

I.A On peut lire ce que dit à ce sujet Attac dans « le livre noir des banques. «... un rapport des forces dans lequel la démocratie est mise à mal par le secteur financier. Et « ...résulte d'un laisser-faire coupable de la part des régulateurs et des responsables politiques extraordinairement complaisants envers la finance ».

L.P On arrive au bout du processus de déviation du pouvoir du peuple vers des groupes d'intérêt particulier. La morale en finance n'existant pas, l'intérêt du pays est mis de côté. La dernière phase de la domination complète de la finance est celle des traités européens qui obligent les pays membres à se soumettre à la banque centrale européenne.

Carcan de l'Union européenne

L.P Le risque d'étiolement démocratique existe plus ou moins de façon insidieuse dans tous les pays démocratiques Comme le dit Gunter Grass dans un article dans Le Nouvel observateur P 40, N° 2114 du 12 mai 2005. « : « …augmentation régulière de l'abstention dans toutes les démocraties occidentales. C'est ainsi que le législateur devient objet de moquerie, le Parlement, une filiale de la Bourse, et que la démocratie se soumet au diktat d'un capitalisme mondial et volatil ». Comment s'étonner que les citoyens soient de plus en plus nombreux à se détourner, indignés, écœurés et finalement résignés, de ces petits arrangements entre amis ? Comment s'étonner qu'ils considèrent les élections comme une simple farce et renoncent à l'exercice de leur droit de vote ? »

I.A Le déficit de démocratie existerait donc aussi en Allemagne. Certains auteurs, économistes hétérodoxes, philosophes, sociologues n'hésitent pas à impliquer le déficit démocratique à la perte de souveraineté financière due à notre appartenance à l'Union européenne. D'autres pensent que donner priorité au développement des marchés, est le seul moyen de rendre le monde prospère. Il faut laisser toute liberté à l'entreprise qui serait la clé du bonheur par la modernité. C'est ignorer les conséquences sociales dans le monde du travail du carcan capitaliste pour au moins une grande partie de la société. Si, vous voulez dire qu'il n'y a guère actuellement des marges de manœuvres pour un gouvernement réellement démocratique, je suis d'accord avec vous. Mais si l'on donne les moyens à la France grâce à un système politique performant, de changer ce système, il est probable que d'autres pays qui ont des problèmes similaires en feront autant.

L.P Jusqu'aux années 80 la modernisation était encore profitable à la grande majorité de la population. Chacun avait l'espoir de pouvoir gagner sa vie en travaillant, même si les conditions en étaient souvent difficiles. L'industrie en plein développement réclamait des bras, dont ceux de femmes qui trouvaient à cette occasion, même si elles étaient exploitées, de s'émanciper. Progrès et réorganisation dans les entreprises permettaient un certain rééquilibrage. Le travail de bureau s'offrait facilement à ceux et celles qui avaient un minimum de bagage. Emergence des classes moyennes. C'est pourquoi j'ai pensé revenir à ce système, au fond classique dans une période de reconstruction, c'est-à-dire le keynésianisme, qui permettrait de retrouver le plein emploi comme c'était le cas à la fin de la période des trente glorieuses.

I.A C'était effectivement le début d'une période ou le tout économique, où le rendement a commencé à primer partout y compris dans les entreprises nationales. Actuellement il pèse lourdement sur le travail. Si le pouvoir était donné à 30 % d'ouvriers et employés à l'Assemblée nationale les choses seraient différentes, alors qu'actuellement ils ne sont que trois sur 577 soit environ 0,5 % de leur nombre dans la population.

L.P   Les U.S.A. ont également quelques soucis électoraux, (taux d'abstention important), mais le pays particulièrement conservateur, s'en accommode. L'alternance il est vrai ne peut dépasser 2 mandats de 4 ans pour le Président. D'autre part, les lobbies et autres groupes de pression sont ouvertement connus aux U.S.A. Ils font partie de l'« American way of political-life » Le fait qu'ils agissent ouvertement plombe moins l'exercice démocratique que dans les autres pays où leur effet insidieux est plus pernicieux. Les lobbies de l'armement pourtant combattus par Michael Moore continuent à s'imposer. Tradition oblige.

I.A Si, vous voulez dire qu'il n'y a guère actuellement des marges de manœuvres pour un gouvernement réellement démocratique, ou qu'il le soit davantage, je suis d'accord avec vous.

L.P Il l'ignore dans la mesure où ils évoluent dans les classes privilégiés qui bénéficient des avantages du libéralisme. Ce qui est fondamental dans toute politique économique orthodoxe de ce type, c'est le budget et les orientations qu'il implique. Une politique macro-économique restrictive est la cause d'une grande partie des problèmes sociaux actuels. Elle décide des investissements, donc du futur de l'activité humaine.

I.A   Mais, il y a une alternative à la pensée unique adoptée par l'U.E qui régit nos pays occidentaux qui consisterait à sortir de l'U.E. L'article 50 du traité de Lisbonne le permet.

L.P On peut certes attribuer à Bruxelles une grande partie de nos difficultés. Le sentiment de perte de repères républicains ressenti comme une perte de souveraineté s'est accru depuis les différents élargissements de l'Union européenne. C'est celle-ci qui donne des directives à chaque pays sur la façon de gérer le budget, avec comme impératif garder un niveau d'inflation le plus faible possible. C'est une technique qui tue la croissance. Nos libertés individuelles de choix de consommation disparaissent dans ces marchés incontrôlés qui ignorent en plus ses conséquences néfastes sur l'environnement.

L.P La cause de l'augmentation des inégalités, où l'on retrouve les privilégiés, est évidemment économique. Le budget national qui répartit normalement les richesses dans la nation, avec théoriquement un minimum d'égalité de pouvoir d'achat à la population, appelée à tort Etat providence, alors qu'il joue son rôle démocratique, est contrôlé par l'Union européenne prioritairement en faveur du marché et de ses acteurs. A ce propos, on peut revenir à la période de la démocratie athénienne du V e siècle avant J.C où les richesses étaient en partie redistribuées dans la population, allant même jusqu'à aider les esclaves affranchis. Mais le système démocratique accroché aux traités européens subit les conséquences de la rigueur budgétaire. La fonction publique par manque de moyens, gère la situation plutôt mal que bien sous la pression de la finance favorisée par ces traités.

I.A On ne dira jamais assez que l'Union européenne est avant tout économique. Alors que la conduite d'un pays est celle de sa société dans sa globalité. Que l'intendance suive, disent parfois les dirigeants. L'humain d'abord…

66

L.P Le libéralisme que la France a adopté à partir des années 1983, réactualisé par les traités européens en 1992, doit, en effet, être mis en cause.

I.A Depuis le traité de Maastricht en effet, la Banque centrale européenne règne sur les Etat de l'U.E en toute indépendance. Elle fournit l'argent nécessaire en exclusivité à la Zone Euro, mais uniquement pour les besoins techniques de circulation monétaire en provenance des banques nationales. Avec toujours cette régulation sur les budgets nationaux pour répondre à ce pourquoi elle a été créée, une inflation minimum. Ce qui in fine constitue une atteinte fondamentale à l'indépendance des Etats membres.

I.A Il est évident que le poids de l'économie financière sur le social est devenu tel que la souveraineté des pays qui compose l'U.E est indiscutablement diminuée. On le voit avec la soumission de la Grèce à l'Allemagne qui n'avait accepté de se fondre dans l'U.E et la zone euro que sous ces conditions. D'après ceci, tous les articles qui enchaînent notre pays à l'U.E devraient donc être supprimés ?

L.P La rigueur imposée par les institutions de l'U.E est sous l'emprise bancaire. Il faudrait, si l'on veut reprendre la main, probablement renationaliser les grandes banques qui sont créancières de l'Etat. Et revoir le rôle de la BCE

I.A Donc sortir de la zone euro ?

L.P La façon conventionnelle de soumettre la finance au politique est de sortir de l'U.E ce qui reviendra à sortir de la

B.C.E. Peut-être garder l'euro comme monnaie commune comme le dit Jacques Sapir.

I.A Effectivement, l'U.E malgré ses bonnes intentions officielles à l'origine a failli. Les promesses de prospérité ne sont pas tenues. C'était le message adressé par le Non de mai 2005.

L.P Il y a en effet dans notre constitution actuelle, l'obligation de se plier aux traités européens dès lors qu'ils ont été acceptés, par référendum ou avec l'accord au 3/5 du Congrès. Bien entendu ces articles ont disparu dans la nouvelle Constitution que je propose.

P. C La re-démocratisation de notre pays avec de nouveau la possibilité pour l'Etat de disposer du droit régalien de battre monnaie est indispensable. Mais c'est une révolution nationale qui mène à l'autarcie !

L.P Je ne vois pas en quoi redonner son indépendance à un pays, conduirait obligatoirement à la fin des relations avec les autres pays avec lesquels nous commerçons. Une dizaine de membres de l'U.E n'adhèrent pas à la zone Euro. Je crois que le signal du coup d'arrêt du Non au T.C.E a été ignoré. Avec le temps le démantèlement finira par avoir lieu, sans que le marché commun, qui subsisterait, en subisse des conséquences désastreuses, si cela se fait sans brutalité. Je ne vois pas où serait la catastrophe annoncée, comme par hasard par ceux qui profitent de la situation actuelle.

I.A En recommencerait à battre monnaie. L'inflation serait de nouveau le fléau.

L.P Cette inflation est inévitable si l'on veut revenir à la croissance. C'est la clé de l'indépendance. Mais elle serait limitée. L'Economie est comme un rouleau compresseur, dont elle a la puissance et la lenteur. L'instrument de l'activité économique est la circulation monétaire. Ce moteur peut aussi bien fonctionner au ralenti, avoir des ratés, ou s'emballer. L'économie, peut se mettre au point mort, donc rester sur place. L'activité productrice tourne toujours, mais rien ne progresse. Si elle recule, cela s'appelle récession, ou dépression selon la durée et la profondeur de la baisse du produit intérieur brut (PIB). Les conséquences sont catastrophiques sur le plan social. On a connu cela avec la grande dépression des années 1930. Accroissement général de la pauvreté et du chômage. Pour éviter ce scénario, qui ressemble à la situation actuelle, il faut investir, ce qui revient à dépenser à l'avance des sommes importantes dont on ne dispose pas toujours.

I.A Ces inégalités de richesses sont une injustice flagrante en grande partie dues à la commission de l'U.E. qui oblige chaque pays à faire converger leur budget sur un modèle standard qui ne correspond pas à leur culture et leur organisation politico-économique. Le chômage de masse accentué par la politique de rigueur budgétaire qu'elle impose aux pays membres est devenu structurel depuis la soumission des pays de l'U.E à la BCE. Son objectif est la réduction de l'inflation. Vous êtes opposé à cette technique dogmatisée ?

L.P Effectivement, éviter l'inflation ne doit pas être un objectif prioritaire. C'est un effet secondaire lié systématiquement à la croissance. La réduire à presque zéro est à l'origine de l'augmentation du chômage. Que l'on soit européen convaincu ou eurosceptique, il est certain que l'influence des directives européennes, que la disparition dans la zone de l'Euro des monnaies nationales, augmente la perte de souveraineté et les marges de manœuvre possibles. La valeur de l'euro est une moyenne qui ne peut refléter la valeur économique de chacun des pays membres. Les échanges avec les autres pays sont donc faussés.

I.A Les présidents de la République, après 1962, ont voulu croire à une continuation favorable de la situation de la classe moyenne, grâce à la force économique d'un grand marché de l'U.E. dominé par la suite par l'Allemagne

L.P L'U.E gère le marché commun en intervenant dans les affaires intérieures des pays membres, en donnant la priorité au développement des entreprises, sans se préoccuper de ceux qui les font marcher. D'après leurs statuts les députés du Parlement européen bien qu'élus démocratiquement au suffrage universel, n'ont pratiquement pas le pouvoir de s'y opposer. Un pouvoir très peu probable de veto ne le rend pas pour autant démocratique. Il y a là une contradiction qui est à la source des problèmes internes qui ont suivis l'application de tous les traités européens jusqu'à nos jours.

I.A Les premiers traités européens recommandés par tous les dirigeants des pays membres ont eu beau présenter un avenir prometteur rien n'est parvenu à diminuer les inégalités sociales depuis. Donc s'endetter ou battre monnaie. Cette dernière possibilité nous a été enlevée en 1973 par la loi, confirmée par les traités européens, sous prétexte que battre monnaie facilitait l'inflation qu'elle permettait d'augmenter les liquidités nécessaires à l'équilibre du budget. L'Etat pouvait théoriquement se financer sans être obligé d'avoir recours à l'impôt. Avoir recours à l'emprunt bancaire n'a pas empêché les déficits budgétaires, et l'endettement, devenu colossal, augmenté par l'intérêt qui y est attaché, pourtant censé réduire ou supprimer la tendance à la dépense inflationniste.

L.P Effectivement, il faut inverser les prémisses d'un sophisme s'agissant de chiffres, présentés comme à l'origine du système alors qu'ils sont les résultats. La seule résultante est d'entrer dans un cercle vicieux d'augmentation de la dette souveraine. Avec cette différence essentielle, que ce sont les banques qui battant monnaie à la place des gouvernements en tirent des bénéfices. Le résultat est certes l'absence d'inflation, mais avec l'enfoncement dans l'inertie et la déflation pour arrêter l'endettement. Le soi-disant remède est pire que le mal. Les seules bénéficiaires sont évidemment les banques. Au détriment des Etats qui sont piégés par les intérêts et les difficultés de financer les remboursements. Il faudrait que chaque pays européen entre dans un système indépendant, en battant à nouveau sa propre monnaie tout en gardant ses relations commerciales. Et compter sur ses propres forces pour lutter avec ses propres moyens au niveau national. Les choses seraient plus claires et plus efficaces car elles redonneraient vie à la force du travail. Au grand bénéfice des classes sociales qui souffrent actuellement du chômage et de la précarité.

I.A Dépenser, avec modération est l'âme de l'activité. L'absurdité du système actuel se démontre facilement. Les traités donnent une liberté totale aux mouvements financiers qui n'ont ni patrie ni morale. Donc ils ignorent Démocratie et valeurs républicaines. Il faudrait recentrer les productions nationales sur des bases d'échanges commerciaux classiques et sains, c'est-à-dire sur les valeurs de travail et sur leurs productions traditionnelles. Retrouver ainsi la totale maîtrise de son budget, en acceptant des déficits qui sont dus alors à des investissements axés sur le progrès. La production de la société doit reposer sur le système économique élémentaire de type keynésien. La croissance serait libérée du carcan financier, ce qui diminuerait le chômage. On reviendrait de cette façon à un système libéral « normal », sans tomber dans l'ultralibéralisme prédateur actuel. Le carcan de la BCE inventé par l'Union européenne pour les banques est une machine infernale ?

L.P S'en débarrasser me parait effectivement urgent et indispensable. Je ne vois pas de difficultés sur le plan économique. Il suffit de préparer un scénario suffisamment précis prenant en compte une période de transition, de réajustement des mouvements financiers. Une Assemblée nationale réellement représentative d'une forte majorité citoyenne prenant en compte les besoins des classes du bas de l'échelle sociale pourrait exercer une pression suffisante sur un gouvernement en votant des lois qui permettraient de contrebalancer le poids des groupes de pression financiers afin de retrouver l'autonomie indispensable à la croissance. Il faudra donc non seulement revoir entièrement notre système constitutionnel pour supprimer ses inconvénients majeurs, mais éliminer tous les articles de notre constitution qui nous enchaînent aux traités européens.

I.A Ce bouleversement n'entraînerait-il pas de catastrophes.

L.P L'ouverture régulée des frontières pour les échanges commerciaux resterait d'actualité. Je ne vois pas où serait la catastrophe qui couperait tous échanges extérieurs si tout se fait progressivement. La Norvège, la Suisse ne font pas partie de l'U.E. La Grande Bretagne pense en sortir. Dans un système libéral l'augmentation des richesses des pays développés, s'est accompagnée de la libération des mouvements financiers et spéculatifs qui creusent les inégalités devenues colossales entre les privilégiés de la classe supérieure, une partie de la classe moyenne, et les classes défavorisées.

I.A Les difficultés économiques qui existaient bien avant la crise, dans la mesure où le PIB moyen des pays de l'U.E était déjà léthargique, sont permanentes. En France la lutte contre l'inflation, par la baisse salariale a commencé à produire des effets déflationnistes. La question de fond que se posent les citoyens : la France est-elle soluble dans l'Union européenne depuis le traité de Rome ?

L.P En adhérant au marché commun européen, considéré à ses débuts comme prometteur sur le plan économique, les pays membres se sont en quelque sorte confiés à un organisme supranational, encouragée par ses dirigeants. Ces dirigeants qui sont seuls habilités à modifier la teneur des traités successifs, adaptés à leur gré sous des aspects progressistes, mais de façon de plus en plus contraignante. L'article qui dans le texte des derniers traités Européens décrète « la concurrence libre et non faussée », c'est-à-dire l'obligation de laisser toute la place aux lois des marchés envahit les Etats qui sont ainsi dominés par la finance internationale. Notre république ne sera plus respectée tant que sa Banque centrale ne parviendra pas à se dégager de son emprise. Notons à ce sujet que la concurrence, loin s'en faut, ne profite pas systématiquement au consommateur. Plutôt aux entreprises les plus importantes, notamment aux multinationales qui finissent par absorber ou éliminer leurs concurrents plus faibles. Les lobbies qui agissent dans ce sens, pour les intérêts des grands groupes, sont reconnus à Bruxelles comme naturels. Quelques milliers de personnes y travaillent en permanence. On retrouve ici le dogme ultralibéral américain, qui considère que plus les entreprises sont riches, plus le pays l'est également.

I.A L'Economie prime souvent, certes, mais elle ne doit pas toujours gagner sur le social. Il y a des résolutions de la Commission européenne qui tendent à prendre en compte certains aspects techniques de l'organisation européenne dans des domaines tels que l'agriculture, l'écologie, la modernisation et standardisation de la production. Mais elles ne sont pas sensibles au niveau social. Parfois au contraire, elles favorisent aveuglément la grande production. Avoir accepté de négocier avec les U.S.A (TAFTA) pour supprimer les normes protectionnistes est gravissime. C'est se livrer davantage pieds et poings liés aux multinationales.

L.P Certaines directives sont contestables parce qu'elles ne correspondent pas à la personnalité de chaque pays qui lui vient de son histoire, de sa culture, de ses traditions. Sa vie sociale dépend de la vie économique, mais ne devrait pas lui donner toujours la priorité. Car si la société survit bien par le travail productif, celui-ci reste une activité humaine particulière à chaque Etat.

I.A Il n'empêche qu'en instaurant un système pour récupérer sa souveraineté, la France s'isolerait au sein de l'Europe nous a-t-on dit.

L.P Le serait-elle longtemps si cela s'avérait sans conséquences négatives et que son fonctionnement apportait comme prévu un plus de démocratie et de prospérité ? Ce moyen de se soustraire de la puissance financière dans l'intérêt de la société serait probablement imité.

I.A Si les Constitutions ont progressivement institué une séparation des pouvoirs législatif, judiciaire et exécutif, personne n'a défini le pouvoir financier ni trouvé un moyen de s'y opposer. Il faut redonner force à notre système démocratique qui a été dévoyé. Ce pouvoir a-démocratique peut être combattu, pays par pays, chacun avec ses armes.

I.A Le paradoxe est que la libération des mouvements financiers l'a été au nom de la croissance pour le bien de tous. Ce qui prouve s'il en était besoin, que l'ensemble des intérêts de chacune des catégories économico-financières, ne conduit pas à augmenter l'intérêt de tous. L'Economie est une conséquence naturelle de l'activité humaine que les chiffres ne parviendront jamais à maîtriser. Donner les possibilités d'expansion aux entreprises concernées est une bonne chose. Encore faut-il que celles qui les reçoivent s'en servent avec modération.

L.P Je crains que ce ne soit pas possible sans forces extérieures de contrôle.

Autres pressions

I.A Parmi les groupes de pression les plus puissants, n'oublions pas l'armée, dont tout pays estime avoir besoin, pour en dernier ressort, assurer l'ordre intérieur. Mais elle n'exerce une pression négative que sous certains aspects. On peut dire que même, dans la mesure où on peut la considérer comme une fonction publique elle contribue au moins en partie à l'activité économique par le pouvoir d'achat qui est distribué aux fonctionnaires et militaires.

L.P Il n'empêche que c'est sous cette influence que le service militaire obligatoire a disparu.

I.A C'était devenu une nécessité dans la mesure où son maintien n'était pas techniquement utile.

L.P Le service militaire obligatoire, quelques qu'en aient été les inconvénients, avait le mérite d'un brassage social égalitaire qui ne sera pas remplacé par le système prévu tant qu'il sera facultatif. Le service militaire obligatoire s'est effacé devant le modernisme.

L.P On peut dénoncer l'influence des groupes de pression non politiques, celle des grands groupes commerciaux, les grandes surfaces entre autres, qui agissent sur les politiques au pouvoir comme des intermédiaires indispensables. Je devrais même dire groupes d'oppression directs pour certains qui rejaillit indirectement sur une grande partie des classes sociales par la baisse du pouvoir d'achat et l'emploi précaire. Les grandes surfaces en libre-service, détruisent l'emploi des petits commerces.

I.A Le pouvoir d'achat qui a augmenté par les baisses de prix a été au contraire un élément favorable.

L.P Il est vrai que certains produits de grande consommation ont vu leur prix baisser. Mais c'était valable dans la période de lancement. Si ça l'est encore pour des produits d'agro-alimentaires, on voit que la grande distribution continue à favoriser le pouvoir d'achat dans ces catégories, mais c'est cette fois au détriment des producteurs et éleveurs.

L.P Le monde productif est divisé, et en concurrence violente depuis que la classe moyenne a émergé. Mais il arrive à une limite. Je peux citer d'autres groupes de pression, dans des domaines sociétaux tels que les groupes communautaristes spirituels et religieux. Dans ce dernier cas la pression pour une révision de la loi sur la laïcité est sensible depuis l'arrivée d'une deuxième grande religion en France.

I.A La franc-maçonnerie, les groupe de pression des religions traditionnelles françaises, s'y opposent mais avec un succès mitigé.

L.P L'influence des lobbies est dénoncée par des journalistes d'investigation, comme Hélène Constanty et Vincent Nouzille (Fayard). Peut-on résister aux groupes de pression financiers ? Il y a des mesures que nos gouvernements ne veulent ni ne peuvent prendre dans l'état actuel des choses. Ce transfert de pouvoirs, du politique au financier a pu se faire de façon insidieuse. Même sous le « règne » de la gauche, quand en 1983 François Mitterrand a « laissé faire » le libéralisme sous l'influence évidente de lobbies bancaires. Comme cela avait été déjà le cas dès 1970 avec les Présidents précédents.

I.A Comment rester sourd au chant de sirènes qui prédisent le bien-être aux populations quand on prend comme modèle des pays comme l'Amérique, face à la misère des pays communistes de cette époque ?

L.P Malheureusement le monde occidental est sujet à des graves crises économiques. Surproduction et sous-production de certaines catégories de producteurs ou distributeurs sont inévitables. Leur expansion est trop brutale si l'on cède à leur pression. Parmi les groupes nationaux puissants qui subsistent, je peux citer celui de la SNCF qui a imposé le TGV au détriment des TER et de l'aérotrain. A sa tête il y a eu des ingénieurs issus de grandes Ecoles qui s'auto congratulèrent de leurs réalisations. Réalisations de prestige, sous prétexte de modernisme, dont la nécessité économique n'est pas toujours démontrée. On a connu le Concorde qui n'a jamais été économiquement viable. Où était l'intérêt général ? Le lobby du nucléaire est connu. Il nous a conduits dans l'impasse actuelle. Les services publics comme la Sécurité sociale, les allocations diverses sont des institutions qui agissent sur le pouvoir d'achat. Les privatiser c'est faire passer les intérêts des groupes avant l'intérêt des classes sociales. Cas de la distribution de l'eau dans de nombreuses circonscriptions.

I.A. On peut citer aussi l'industrie automobile, et en général la grande industrie aidée par les primes d'Etat. Mais il en existe d'autres qui agissent subrepticement. Par exemple l'industrie pharmaceutique, certaines coopératives agricoles, les sociétés d'exploitation des autoroutes, les transports routiers, l'EDF, les grandes surfaces, l'immobilier et les corporations de certains petits commerces qui demandent et obtiennent la baisse de la TVA comme les débits de tabac, la restauration.

L.P Je m'interroge d'ailleurs sur le bien-fondé du maintien de cette taxe qui ne se justifie plus comme c'était le cas dans la période où les PME étaient en plein essor. Elle pèse sur la population de façon d'ailleurs inégale comme on l'a dit. Dans le Canard enchaîné, on a pu lire (23 novembre 2005) que le lobby des cliniques a réussi à faire pression sur le Parlement pour que la T2A, système de tarification imposé soit favorable à celles-ci au détriment des hôpitaux publics ! Cette loi a été imposée par le gouvernement sous couvert d'économie budgétaire.

I.A Une partie importante de la population ne cesse de subir les effets néfastes du progrès matériel sur la santé. On peut s'interroger sur les aides des gouvernements à la recherche et développement dans le domaine industriel, aides dont bénéficient les grandes entreprises.

I.A Aider les entreprises c'est peut-être aider l'embauche.

L.P Je ne le crois pas à ce dogme ultralibéral. L'efficacité des aides aux entreprises reste encore à démontrer.

I.A Elles sont peut-être mal dirigées. Elles se perdent probablement dans les méandres des plus-values et deviennent des aubaines.

VOTE EN DEMOCRATIE

Légitimité et rôles d'une Assemblée nationale élue au suffrage universel

I.A Je reviens sur un élément essentiel de la démocratie, le suffrage universel. En quoi fait-il la démocratie ?

L.P Le premier signe de ce qu'on appelle régime démocratique est donné par la liberté collective de pouvoir déléguer les pouvoirs d'une société à des représentants dans la mesure où la population d'un pays comme le nôtre est trop nombreuse pour utiliser constamment le vote direct de la population par référendum.

L.P Il faut distinguer la légitimité de la légalité. Quelle légitimité accorder au résultat d'un vote du congrès parlementaire quand on sait que les sénateurs ne sont pas élus au suffrage universel direct ? Les parlementaires directement élus par le peuple, ont théoriquement représentativité la plus légitime. Elle est supérieure à toutes autres institutions démocratiques. Quelle légitimité leur accorder quand on voit ces mêmes représentants, sénateurs ou députés, accroître la privatisation des services publics, asservie à la nécessité de rentabilité, quel qu'en soient les conséquences pour une partie de la population ? La notion d'intérêt général, dont ils sont les garants, d'égalité de traitement entre les citoyens, disparaît, comme le montre la fermeture de certains bureaux de poste, de dessertes ferroviaires, la privatisation des services de l'eau, etc. sous prétexte de rentabilité alors que ce terme appartient exclusivement au domaine marchand de l'entreprise c'est-à-dire dont l'objectif productif n'est et n'a jamais été l'intérêt général, chacune agissant librement pour son compte.

I.A Depuis 1789, le suffrage universel censé transmettre le pouvoir de la nation, n'a été que progressivement généralisé, parallèlement à la montée de l'instruction pour l'ensemble de la population, mais toujours pour former des assemblées composées de représentants estimés plus instruits que les électeurs, et jugés donc plus aptes à comprendre et agir en sa faveur. Le suffrage censitaire a beau avoir été supprimé ce n'est qu'en 1945 que les femmes ont eu le droit de voter. Le peuple semblait encore être considéré comme une populace incapable de se gouverner sans élites masculines généralement misogynes si l'on en juge ce que disaient ces mêmes élites qui visaient le pouvoir permanent. Depuis éduquées comme les hommes les femmes ont pu démontrer le contraire malgré leur dépendance familiale.

I.A C'est donc l'éducation qui serait la base nécessaire et suffisante pour assumer la responsabilité de diriger un pays.

L.P Effectivement l'esprit critique, le jugement se développe mieux si l'on a cet atout à la base. Mais il n'est pas nécessaire d'être médecin pour être ministre de la santé. On pourrait même affirmer le contraire dans la mesure où il n'est pas toujours bon d'être juge et partie, donc de pouvoir faire pression dans un sens particulier favorable à cette catégorie professionnelle.

I.A Les responsables politiques arrivés au pouvoir ont des conseillers des cabinets qui ont des compétences nécessaires dans certains domaines, pour éclairer les ministres et les plus hauts responsables jusqu'au président de la République.

L .P   A l'Assemblée nationale les décisions sont généralement prises après avoir consulté des experts réunis en commission dans la branche concernée.

I.A Ensuite les lois sont votées à la majorité simple. Quelle valeur accorder aux résultats d'un vote majoritaire quand on sait l'influence de plus en plus grande des médias, plus particulièrement de l'image télévisuelle ? Dans tous ces cas, la légalité l'emporte sur la légitimité. Ce qu'on peut conclure, c'est que la légitimité d'une loi est variable selon le système de vote. Que la légalité l'emporte généralement, mais que sa légitimité varie, avec le temps. La Loi doit être amendée ou annulée en fonction de l'évolution de la société. Seule façon de lui garder une certaine légitimité. Mais quelle peut-être la légitimité des nombreuses lois issues des directives de l'U.E quand on sait que la Commission européenne est composée de membres désignés, que le Parlement européen, consulté, ne fait que les entériner ?

L.P C'est certainement une raison majeure qui a fait rejeter le TCE, et pareillement pour le traité de Lisbonne si le peuple avait été re-consulté. Le suffrage universel ne tient pas toujours ses promesses s'il n'est pas direct ni suffisamment confirmé par un résultat significatif. Je crois que la Vérité comme la Justice est aveugle. Comme elle, elle possède une balance qui supporte des pressions de toutes sortes. Comme le dit André Comte-Sponville dans « Le capitalisme est-il moral » : On ne vote pas sur le vrai et le faux, ni sur le bien, ou le mal ».

I.A Ce n'est qu'à terme, après résultats, qu'on peut vérifier si le choix était le meilleur. Oui, si tout choix implique une réflexion préalable, celle-ci n'est pas toujours d'une logique mathématique indiscutable. On se base sur un vote majoritaire pour choisir et entériner ce choix, mais plus la balance s'incline dans un sens, plus le chiffre est élevé, plus on estime que le choix est le meilleur, parce que plus probable. Ce qui par la suite peut servir d'alibi, de bouclier, pour se déresponsabiliser en cas d'insuccès.

L.P J'estime qu'il faudrait aménager le système majoritaire, reprendre le vote après un certain temps de réflexion, de façon à éviter des conséquences possiblement néfastes de décisions admises à partir une majorité insuffisante. Ceci du moins concernant des sujets importants.

I.A Dans certains cas, il est prévu dans la constitution de voter une loi sous réserve de généraliser sont application après une période expérimentale.

L.P Effectivement, mais cette possibilité est rarement utilisée car rien ne prouve sa validité à partir d'une seule expérience limitée. Je pense qu'il serait bon, pour toute loi ayant une certaine importance, ou qui serait particulièrement innovatrice de la mettre en réserve tant qu'un quota minimum n'est pas atteint. Et de revoter un certain temps après dans ce cas.

I.A Certains préconisent de comptabiliser le vote blanc pour diminuer le nombre des abstentions.

L.P On lui attribue en effet, la vertu d'être plus près de la vérité. Mais cela reste un vote protestataire qui clarifie un peu les résultats. Mais resterait inefficace si l'on ne revote pas. Il pourrait exprimer la volonté d'une partie du corps électoral de ne pas accepter les choix officiels proposés, de contester la légitimité des résultats, donc permettrait de revoter. Alors que l'abstention moins significative ne permet pas de lever le flou des incertitudes.

L.P A cause du vote universel, on fait généralement un amalgame entre Démocratie et Liberté. La liberté est considérée comme suffisante sous certaines conditions. La Déclaration de droits de l'homme et du citoyen (DDHC), issue des Lumières et inscrite dans la Constitution de 1791, a permis de compléter le régime démocratique naissant, de l'asseoir dans la durée et de fournir de cette façon un droit à la liberté, mais forcément restreinte par une nécessaire organisation commune. Ce sont les idées des philosophes du 18e siècle qui ont idéalisé et sublimé la Liberté. La faire rentrer dans les faits supposait de l'inscrire dans le marbre, c'est-à-dire dans une Constitution. Ce processus ne donne sa légitimité à la démocratie que si les conditions de vote sont à la fois libres et anonymes. Les élus sont légitimés par le nombre de voix qui se sont portées sur eux. Ils peuvent se grouper et former ainsi une majorité capable de décider et de légiférer. La minorité s'incline généralement, dans l'espoir de retourner la situation en sa faveur lors d'un prochain vote.

L.P L'avantage incontestable de l'arrivée au pouvoir de représentants de l'opposition, auparavant minoritaire, est de rectifier d'éventuelles erreurs de gestion précédentes, de proposer de la réorienter dans un sens estimé meilleur parce que l'éloignement provisoire du pouvoir leur a fait voir les choses d'un œil neuf. Reprendre le vote permet de progresser vers la vérité.

I.A La démocratie telle qu'on l'a définie, fondée sur le vote de représentants reste un régime imparfait, dont les défauts de ne pas toujours répondre à la volonté de tous sont bien connus. Mais on n'a rien trouvé de mieux à ce jour pour éviter des conflits violents que d'arbitrer en faveur du plus grand nombre.

L.P Certes. Mais concernant le suffrage universel, selon la technique adoptée, ne donne pas toujours la meilleure légitimité démocratique. Il suffit de voir les baisses spectaculaires de confiance que subissent nos Présidents de la République les uns après les autres, aussitôt élus, pour admettre la nécessité de travailler à son amélioration. La personnalisation excessive des chefs de partis, peut porter au pouvoir un ou des hommes qui s'avéreront dangereux pour les libertés. N'oublions pas le coup d'Etat de décembre 1851 et 1852 qui réinstallèrent l'empire et le bonapartisme. Un résultat majoritaire entraîne l'adhésion du plus grand nombre sans qu'on puisse en déduire systématiquement que le résultat est juste, car les choix proposés ne permettent pas toujours de distinguer toutes les opinions.

I.A Le risque du despotisme est possible à partir d'une élection aussi personnalisée. De même Philippe Pétain a obtenu les pleins pouvoirs personnels comme ceux d'un empereur après le vote majoritaire à l'Assemblée nationale effectué à la hâte au moment de la débâcle de 1940. Notez également les votes sous influences en Afrique, où les chefs pourtant élus « démocratiquement » au suffrage universel, n'ont pas instauré la liberté dans tous ses états. Et influence des médias qui orientent l'opinion dans un sens ou un autre selon leurs commanditaires officieux ou l'ambiance du moment.

I.A Les gens « d'en bas » plus politisés que dans le passé veulent être présents en permanence, représentés dans le fonctionnement général de la Société. Ils sont frustrés de ne pouvoir agir directement sur le pouvoir exécutif, d'autant que leurs députés, souvent peu visibles dans l'hémicycle, donnent l'impression d'être inutiles.

L.P Les révolutions qui ont jalonné notre Histoire montrent que les pouvoirs sont souvent mal répartis, que l'intérêt général est souvent oublié. Les Américains font l'erreur de croire qu'ils peuvent éviter les dictatures et les violences dans certains pays simplement en incitant les populations, à voter au suffrage universel après avoir évincé leur dictateur. En Afrique, au moyen Orient, en Amérique du Sud, le vote n'arrête pas non plus les turbulences, les violences car il instaure le plus souvent le pouvoir personnel finalement tyrannique, sans véritable contre-pouvoir, en laissant la place à toutes les injustices et toutes les oppressions. Ce sont des simulacres de démocraties que le suffrage universel est insuffisant pour éviter les rivalités ou régler les rivalités des pays totalitaires. Les institutions sont parfois insuffisantes pour respecter l'esprit d'une constitution, et faire en sorte qu'un pays puisse être rangé dans la catégorie d'une véritable démocratie. Il faut qu'existe une justice impartiale pour tous, censée préserver les libertés individuelles, que les minorités puissent s'exprimer sans retenue, que les inégalités sociales puissent être efficacement combattues. Et que les moyens de propagande ne soient pas donnés a priori à ceux qui sont au pouvoir comme à ceux qui disposent de moyens financiers les plus importants. Si Justice il y a, il faut qu'elle ait les moyens de jouer son rôle sans que d'autres pouvoirs occultes puissent intervenir dans son domaine.

I.A N'en déplaise à ceux qui se basent sur le modèle « démocratique » Athénien, pour réclamer plus de démocratie, le pouvoir, était dévolu aux oligarchies de propriétaires et de militaires. Mais ce qui rendait ce système attrayant c'était l'absence d'intermédiaires, dans une démocratie plus directe parce que la faible population des citoyens permettait à une grande partie de celle-ci de voter directement sur l'Agora, généralement à main levée. Il faut donc conforter le suffrage universel en précisant dans une constitution, quel usage il en sera fait, et dans quelles conditions il se déroulera.

L.P. Nombreux sont les intellectuels, les sociologues, les historiens et éditorialistes, et même certains hommes politiques qui ont publié des articles ou des livres, appelant à une alternative au système actuel. L'avènement d'une 6 e république est souhaité par des personnalités qui ne sont pourtant pas révolutionnaires, comme Rama Yade lors d'une émission de Franz Olivier Gisbert le 17 décembre 2015. Je rappelle le déni de démocratie quand le Congrès de février 2008 a accepté le traité de Lisbonne remplaçant le NON au TCE. Resservir la même plat, simplement un peu refroidi, en utilisant un stratagème est une véritable trahison démocratique qui prouve le bien-fondé de la nécessité de l'encadrement du vote au suffrage universel et de sa version référendaire.

I.A Tout système à des déviants possibles. C'est l'absence de précision de cette méthode qui permet ces déviants. Si le pouvoir du peuple établi par le suffrage universel est mal réparti, s'il est dévié par des clans ou même par des partis politiques, on risque de tomber dans une oligarchie de fait qui n'est que la face cachée du pouvoir personnel.

L.P Donc malgré sa légitimité théorique, le vote peut desservir ce qui est sa vocation première, l'expression de la volonté d'une forte majorité de citoyens ?

L.P Dans notre constitution actuelle, ne figurent pas, en effet, les détails les modalités d'application du suffrage universel. Seul le mode direct ou indirect y est notifié. Les articles qui donnent lieu à des lois organiques d'application votées par l'Assemblée pour son propre fonctionnement, ont varié depuis des années dans un sens qui, en France tout au moins, sont interprétées et utilisées selon les besoins des clans et élites au pouvoir. Ne serait-ce que le découpage des circonscriptions qui tend à favoriser la majorité parvenue au pouvoir pour les élections futures. Je préconise de retirer à la seule Assemblée nationale ce droit qui est inique parce qu'elle est juge et partie. Le suffrage pour les législatives a beau être universel, ce sont ces lois qui sont orientées à l'avantage des candidats dans le seul souci de leur maintien au pouvoir : la légitimité partielle du suffrage universel accordé à l'Assemblée nationale s'il est utilisé à des fins partisanes, est un détournement de démocratie.

I.A. Il faudrait changer le « fait » majoritaire ?

L.P En effet rien ne prouve que le résultat d'un vote majoritaire, jugement de personnes, élections, ou votes de lois, soit meilleur parce qu'il est choisi par un plus grand nombre. On a bien étendu la possibilité d'appel pour les tribunaux d'assises. Rien ne prouve que les décisions qui sont prises par la majorité, avant un éventuel renversement de tendance politique, seront les meilleures. Le résultat d'un vote majoritaire n'est pas synonyme de vérité : si l'on connaissait celle-ci à l'avance, si l'on pouvait prédire avec certitude les conséquences d'une décision, le vote serait inutile.

I.A On pourrait alors obliger à un deuxième vote pour les décisions importantes. Par exemple que ce serait-il passé, si le vote qui a condamné à mort Louis XVI à une voix de majorité, avait été repris quelques mois après le premier vote ?

L.P Difficile de dire. Peut-être serions-nous restés dans une monarchie constitutionnelle comme c'était prévu en 1791. Comme l'est la Grande Bretagne et d'autres royautés formelles en Europe.

I.A Il faudrait peut-être introduire un quota différentiel minimum obligeant à un deuxième vote plus ou moins rapproché selon l'importance du différentiel.

L.P Le deuxième vote est pratiqué actuellement par le Sénat. La navette entre les deux assemblées le permet. Cela est plus politique que technique. Il s'agit de divergences d'appréciations, avec propositions de modifications sans confirmation certaine. Ce que je propose est un délai de réflexion que la même Assemblée s'octroie face à une opposition importante.

I.A Que faire si le deuxième vote ne donne pas un différentiel plus important ?

L.P On peut envisager une modification appropriée susceptible de renforcer le résultat majoritaire. Ou un troisième vote à plus longue échéance. Je rappelle qu'il s'agit d'innovations importantes que seule l'expérimentation pourrait faire adopter pour le long terme.

Illégitimité du vote majoritaire à deux tours

I.A Depuis des décennies, la représentation populaire équitable est faussée par le bipartisme ou même le tripartisme qui s'est généralisé, favorisé non seulement par les articles de la Constitution qui lui sont dédiés, mais surtout par le « vote majoritaire à deux tours » adopté par l'Assemblée nationale. Ce n'est pas satisfaisant. C'est surtout critiquable parce que le deuxième tour est éliminatoire. Ce type de vote est une loi organique, qui ne donne pas de ce fait, une légitimité suffisante à cause de la représentativité inéquitable de la population.

L.P La difficulté de réaliser une démocratie « normale » en France aurait donc cette origine, le scrutin majoritaire à deux tours qui ne donne pas à l'Assemblée nationale une légitimité suffisante de sa composition. Je suis partisan d'une proportionnalité intégrale.

I.A. Même avec des instabilités gouvernementales, des difficultés de coaliser des partis différents ?

L.P La plupart des démocraties s'en accommodent. Ne croyez-vous pas, au moins, que les débats et les élections démocratiques, permettent d'éviter la violence en séparant les parties minoritaires qui s'inclinent devant la majorité ?

L.P. C'est en tout cas le but recherché. Encore faudrait-il que ces majorités soient claires et représentent bien le pouvoir populaire contrairement au système à deux tours, où le deuxième tour rassemble des motivations différentes, partiellement négatives.

I.A. Certains votent plus, en effet, contre celui de l'opposition que pour son candidat, contrairement au premier tour. Les frustrations des perdants sont parfois trop fortes pour espérer calmer le jeu démocratique. Ceux qui nous gouvernent veulent nous faire croire, que le système électoral actuel pour les législatives, est le meilleur car il exclut les petits partis souvent extrêmes, sources disent leurs partisans, d'indécision par absence de cohésion majoritaire possible. On fait confiance au suffrage universel en pensant qu'à lui seul il fait la démocratie, quand c'est au contraire la démocratie qui fait le suffrage universel en répartissant les pouvoirs du peuple. Le suffrage universel devrait permettre d'éviter les grandes injustices, en acceptant que tous puissent s'exprimer librement et, théoriquement, qu'ils aient la possibilité d'agir dans l'intérêt général. Encore faut-il bien l'évaluer, et qu'il soit possible de prendre rapidement ces décisions. Quand en 2002 J.Chirac a obtenu 83 % des voix des votants en sa faveur alors que sa légitimité correspondait à moins de 30 % des inscrits si l'on se réfère au premier tour, on peut se poser des questions sur la signification, dans d'autres cas, du vote majoritaire.

L.P. L'élection présidentielle de 2007 n'a guère plus de sens car une grande partie des votes de la gauche extrême et probablement une partie du centre se sont reportés sur la candidature de Ségolène Royal par obligation, ou, s'agissant d'une femme, pour des raisons plus sentimentales que politiques et rationnelles. Quelle est alors la légitimité du résultat ? Quel est le sens de la confiance accordée aux deux seuls protagonistes ? Le deuxième tour a entraîné en partie des votes « contre » plus que de votes « pour » contrairement à celui du premier tour. Sur quels critères ? Un vote final par défaut rend la pertinence des résultats discutable.

I.A Cela accentue les divisions. Si encore les pouvoirs d'un Président de la République étaient insignifiants ! C'est pourquoi il me parait indispensable de supprimer ce type d'élection inutile qui flatte l'ego de chaque électeur, pour un jour. En supprimant tous ses pouvoirs on ne reviendrait pas pour autant à la 4e République si décriée. De Gaulle voulait un système au-delà des partis. Paradoxalement, il a estimé qu'il était possible de rassembler la France profonde en créant son propre parti, le Rassemblement du peuple français (RPF), conçu comme étant en dehors de tout idéalisme politique, dont celui du parti communiste. Les autres partis ont pris leur revanche en s'imposant dans le système politique à l'aide de lois électorales faites à leur mesure. Mais les partis politiques ne sont pas la France, dans son ensemble.

L.P L'élection du Président de la République est instaurée comme étant universelle et directe, contrairement à ce qui se passait avant 1962 où le Président était élu par le

92

Parlement. Assorti de pouvoirs uniquement symboliques. Actuellement un parti politique domine majoritairement, celui qui entérine l'élection du Président, puisque que les élections législatives ont lieu tout de suite après pour le confirmer. Il est toutefois possible, quoique peu probable, d'entrer dans une cohabitation, d'un Président qui ne serait pas du même bord que celui du parti qui serait majoritaire.

I.A C'est une confirmation probable qui élimine pratiquement le risque de cohabitation à condition que l'élection des députés suive de près celle du président.

L.P La cohabitation est néfaste du fait de la double légitimité accordée par le suffrage universel de ces deux élections. Même ceux qui ne lui sont pas dévolus explicitement dans la mesure où il a eu la légitimité du suffrage universel direct. Si on examine ensuite quels sont les pouvoirs de l'Assemblée nationale à qui l'on accorde seulement un droit de déposer deux fois tous les deux mois une « proposition de loi », on voit que, sur ce plan, tous les pouvoirs sont donnés de fait à l'exécutif. Seul un vote de défiance peut abolir cette oligarchie, mais remplacée par une autre qui la renforce ou au contraire de tendance différente. D'autre part le même Président de la République préside le Conseil des ministres, nomme le Premier ministre, et de nombreux autres directeurs dans la fonction publique et les hauts gradés militaires. Avec, comme on l'a dit, les déviants du pouvoir populaire dus aux pressions partisanes de ces grands responsables.

L.P Je ne pense pas qu'on puisse arriver à supprimer totalement la déviance qui résulte de ce type de vote, le vote majoritaire à deux tours. Pourtant, l'injustice qui en découle accentue la méfiance, et incite à l'abstention. Dans le cas de l'élection du Président de la République, les manipulations de la télécratie sont évidentes. Il faudrait faire la part de la subjectivité, de l'influence des médias, des conseillers en communication etc.

I.A Les sondages disent que la majorité de la population approuve ce système électoral pour les présidentielles.

L.P Un des objectifs de ce changement de république serait justement de démontrer qu'il y a plus d'inconvénients que d'avantages à ce qui est devenu une habitude plus qu'une nécessité. Ce que reflètent ces sondages c'est que beaucoup ignorent qu'il n'en a pas toujours été ainsi.

I.A Système soigneusement conservée par les politiques qui espèrent en tirer profit, par opportunisme pour eux-mêmes.

L.P Les français, considèrent comme « sauveur » un Président qui a autant de pouvoirs que le général de Gaulle. Il semblerait que celui-ci ait voulu faire des émules.

I.A Surtout parmi ceux qui ont surtout l'ambition d'être chef. Je considère que le suffrage du deuxième tour d'élection aux législatives comme aux présidentielles, est une sorte de coup d'état électoral, essentiellement destiné à s'imposer plus sûrement aux électeurs par un nombre supérieur de votes en utilisant à son profit le vote protestataire, sans que le contenu du nouveau vote ne soit clairement révélé. Une majorité à deux tours même forte n'a pas obligatoirement la valeur d'un choix franc et massif comme le voulait de Gaulle lors des référendums.

L.P La légitimité du résultat n'est pas meilleure dans ce cas. C'est pourquoi, concernant l'élection des députés, certains proposent d'instaurer la règle d'une proportionnalité restreinte. Je proposerai, pour ma part la sincérité d'un système de votes avec proportionnalité intégrale mais apolitique, fondé sur une répartition du pouvoir selon 9 catégories socioprofessionnelles. Aucune n'ayant la majorité, c'est tous ensemble qu'une Assemblée nationale pourrait voter pour l'intérêt du pays. Je lui ai donné le nom d'Assemblée nationale référendaire parce que proche du référendum.

I.A Il s'agirait alors d'une sorte de syndicat France ?

L.P Effectivement, ce qui me rapprocherait de Proudhon qui voulait une Assemblée nationale composée en grande majorité d'ouvriers. Mais je vais, plus modestement, proposer de profondes modifications dans notre constitution actuelle qui n'aurait pour but dans l'immédiat, que de retrouver une démocratie normale. Sans cette initiative particulièrement innovatrice, utopique, dont les chances d'aboutir sont faibles dans le court terme. L'Assemblée « référendaire » devra donc être considérée comme une solution qui bien que jugée intéressante par des citoyens, me parait réalisable que pour les prochaines générations.

PLAN B

L.P Dans l'immédiat, des articles importants de la constitution devront être supprimés et ou remplacés. Certains sont conservés ou à peine modifiés. Dès les premiers articles, on conforte la laïcité, car des contournements de la loi de 1905 sont toujours possibles. Il fallait donc détailler comment faire face à la pression permanente des églises, sectes et autres communautarismes. J'ai également prévu de supprimer, en plus du 49-3, et de l'article 16, l'article 55 suivant :

« Les traités ou accords régulièrement ratifiés ou approuvés ont, dès leur publication, une autorité supérieure à celle des lois, sous réserve, pour chaque accord ou traité, de son application par l'autre partie »

L'Histoire montre que les traités sont éphémères car ils sont circonstanciels. En l'occurrence, si l'on veut arrêter la course du néo-libéralisme, il faut supprimer ou au moins revoir le traité de Maastricht, et le rôle de la BCE ou la supprimer également, pour retrouver une certaine souveraineté. Il faudra adopter à nouveau le système Keynésien, technique logique pour la redistribution des richesses, c'est-à-dire donner la priorité aux dépenses d'investissements. Contrôler, réduire les mouvements de capitaux et leur évasion dans le but de les diriger essentiellement sur l'investissement ciblé, le plus possible sur l'immatériel et sur l'écologie.

I.A Il faudra donc revoir la façon dont les pouvoirs ont été institués et répartis, quels poids leur donner dans une nouvelle constitution. Ceux-ci sont sous la responsabilité des ministères qui reçoivent les contributions de l'Etat et des citoyens. Tout devrait être fait pour que le peuple puisse agir sans entraves dans son intérêt. Qu'il puisse prendre la main de façon légale et fréquente en contrôlant ses représentants pendant la durée de leurs mandats.

L.P   Ce qui est estimé néfaste dans la constitution de 1962, doit en effet, être annulé. Il faudra apporter des modifications importantes au système pour répondre à ce que la situation de notre pays exige dans les difficiles circonstances actuelles. Ceux qui connaissent comment un système fonctionne, savent qu'il n'est pas possible de changer de l'intérieur une organisation en cours d'action. Ce qui veut dire que les politiques qui font partie du système ne veulent ni ne peuvent le faire. Il faut être en dehors d'un système pour voir objectivement comment il fonctionne. Faisant partie du système, ceux qui les ont intégrés ne vont certainement pas le changer dans un sens qui irait à l'encontre de leurs motivations qui les y ont fait entrer et ainsi diminuer les avantages qu'ils en tirent. Ils auront la seule ambition de le prolonger. Notre système démocratique actuel continue à produire et même à accentuer ses effets pervers sur le plan politique, qui, on le voit en permanence, par l'illégitimité de leur représentativité, par l'absence de cohérence et d'efficacité de leurs résultats, augmentent l'abstention qui augmente ces effets pervers dans un cercle vicieux incontrôlable.

I.A Les dirigeants issus des partis politiques gouvernementaux ne souhaitent pas réellement un changement profond qui servirait de base à un changement de république, une nouvelle économie sociale et solidaire. Un projet de changement de société devra porter sur les rapports entreprises-salariés, sur la répartition entre fruits de travail et la rente du capital, sur la solidarité qui unit « égalité et fraternité », sur la réparation des injustices et pour la suppression des privilèges. Tout en tenant compte de l'écologie qui doit orienter l'économie sur le long terme.

L.P Il ne s'agit pas en l'occurrence de compter sur les politiques, mais sur les citoyens. Ils en ont le pouvoir. Ils le savent, mais ne savent pas comment prendre la main.

I.A. Vous voulez dire qu'ils ont les moyens légaux mais ne savent pas s'en servir

L.P. Non. Au contraire ce sont les moyens légaux qui font défaut. Notre Constitution définit un régime dit démocratique dans la mesure où la révolution de 1789 a mis fin à l'aristocratie comme pouvoir permanent avec ce que cela supposait de privilèges. Mais tout n'a pas été réglé dans notre société concernant la séparation des trois pouvoirs, dont j'ai parlé, qui sont difficiles à organiser et à répartir dans un pays à forte population comme le nôtre. Il y a imbrications mutuelles des uns envers les autres avec ce que cela suppose de dysfonctionnements. La Justice fonctionne difficilement, l'Exécutif a trop de poids et ne s'en sert pas en phase avec les besoins profonds de la population. Les collusions entre les pouvoirs du législatif qui est devenu une simple chambre d'enregistrement, sont impossibles à éviter tant qu'on n'aura pas mis fin aux imbrications de la finance dans le politique.

I.A. Depuis 3 siècles la démocratie s'est progressivement imposée dans les pays occidentaux. Malheureusement, dès qu'on parle de Constitution, les esprits se ferment : « on n'y comprend rien » disent la plupart de nos contemporains, contraints de faire confiance comme d'habitude à leurs élus. Ils ignorent que leur vie quotidienne en dépend. Il faudrait l'enseigner au moins à partir des classes secondaires.

L.P Tout système meurt de sa belle mort, par auto-usure avec le temps, ou implose, à cause d'une pression interne devenue trop forte. Comme cela a été le cas pour la Révolution Française : le régime était moribond, et il a suffi de quelques manifestations dans la rue, répliquées en Province suivies de la prise de la Bastille comme symbole, pour la proclamer 1ère république deux ans après. Les historiens disent que tout était joué à l'avance. Il faudrait donc revoir notre Constitution à la base dès maintenant. La Constitution de 1962, révisée avec peine sur certains détails jusqu'à récemment, en Juillet 2008, n'est toujours pas en phase avec notre société qui, il est vrai, évolue très vite : quand un système génère à la longue des effets pervers importants, de nouveaux privilèges, il faut en changer radicalement si l'on veut retrouver l'esprit des « Lumières » qui a fondé les premières républiques.

Grands changements

I.A Quels seraient les changements importants qui permettraient cette mise en phase ? Faut-il attendre le « grand soir », une Révolution ?

L.P Comme je l'ai dit, une révolution ne se décrète pas. Comment faire par exemple pour supprimer le Sénat ? C'est une anomalie a dit Lionel Jospin. Comment remettre à sa place un gouvernement entièrement soumis au législatif alors qu'il empiète actuellement sur le pouvoir législatif.

I.A Et comment supprimer l'élection du président de la République au suffrage universel ?

L.P On peut imaginer qu'un candidat aux présidentielles, s'engage solennellement à remodifier au moins la constitution sur ces points. Comment supprimer par exemple l'article. 89 : « L'initiative de la révision de la Constitution appartient concurremment au Président de la République sur proposition du Premier ministre et aux membres du Parlement » ! Des changements majeurs dans notre Constitution s'avèrent nécessaires, ne serait-ce que pour se dégager des obligations des traités européens. Le traité de Lisbonne qui n'a pu être accepté que de façon formelle par une voie détournée doit être révoqué.

I.A Le Congrès l'a effectivement ratifié, mais par une voie parlementaire. Donc de façon démocratique.

L.P C'est au contraire, un subterfuge non démocratique décrié à juste titre par ceux qui majoritairement avaient répondu non à ce TCE. Notre Parlement qui est composé en partie de députés et en partie de sénateurs n'a pas la légitimité que représente le suffrage universel direct puisque le Sénat est élu par des grands électeurs. Ce sont des intermédiaires qui ne peuvent prétendre porter proportionnellement les pouvoirs d'une population dans son ensemble. Ce qui fausse la légitimité des résultats d'un vote majoritaire, même acquis au trois cinquièmes.

I.A Et pour exécuter ce qui a été décidé par les lois au Parlement, il faut un pouvoir exécutif soumis, comme son nom l'indique, séparé pour la gestion mais pas totalement autonome pour ses choix. Ce qui était le cas pour toutes les précédentes constitutions. Pourtant les trois pouvoirs ont été différenciés progressivement depuis la Révolution, comme les philosophes des Lumières l'avaient imaginé. Les textes de la constitution sont faits a priori pour servir l'intérêt général. C'est en tout cas la raison invoquée par les politiques qui nous gouvernent depuis toujours. Les grands partis politiques, encouragés par celle-ci estiment agir dans ce sens. Vous paraissez pourtant être opposé aux partis politiques ?

L.P. Non, par principe. Je pense qu'ils ont la légitimité qui correspond à la confiance que doivent leur accordent les électeurs pour agir au mieux de leurs intérêts...de classe. N'ayant pas de mandats impératifs, contrairement au référendum, ils sont censés agir dans l'intérêt prioritaire de la population. Un parti politique défend des valeurs plus ou moins de gauche ou de droite, parfois du centre, selon un idéal au départ progressiste ou au contraire, conservateur. Il a une vision plus ou moins égalitaire de la société. Suivant les cas, il donne la priorité au profit individuel ou à un idéal humanitaire. Les partis politiques peuvent parfois s'unir pour influencer le cours des choses dans un sens qui correspond le mieux aux intérêts du pays tout entier. Cas des votes ayant obtenu l'unanimité.

I.A. C'est au sein des Assemblées nationales qu'ils agissent dans les pays dits démocratiques. Ils sont normalement à l'origine des lois qu'ils votent pour que leur action devienne possible. On ne devrait rien pouvoir leur reprocher.

L.P Les systèmes électoraux proposés donnent ce pouvoir alternativement à certaines familles politiques, en laissant de côté d'autres représentants du peuple, parce que minoritaires.

I.A   Que sont devenus les partis ? Que reste-t-il du gaullisme en France et même dans les partis tels que l'ex UMP censé lui rester fidèle ? Que reste-il du socialisme originel du PS amené à s'appuyer sur Jaurès pour rassembler ses troupes ? Du marxisme pur et dur et de la lutte des classes chez les communistes ? Ne faut-il pas alors se passer des partis politiques qui perdurent pendant que dans la réalité les choses bougent ? Il faudrait supprimer ces partis politiques.

L.P Dans la mesure où ils restent encore le lieu d'un militantisme de classe traditionnel ils me paraissent nécessaires. Les partis politiques se groupent en « familles » d'opinion qui servent d'intermédiaires entre la volonté populaire et l'Assemblée Nationale. Malgré les inconvénients du système des partis, je ne vois pas comment on pourrait s'en passer dans une démocratie quand celle-ci s'applique à un pays moderne. Il faut obligatoirement une représentation nationale des courants de pensées différents qui correspondent aux différentes classes sociales. Il ne s'agit pas d'écarter les partis politiques, mais de les inclure dans un système en mouvement. Certes les classes sociales sont plus difficiles à définir maintenant. Les opinions politiques des partis varient même en interne. Ce qu'ils appellent des courants.

I.A Tout va dépendre de la façon dont on utilise le suffrage universel. La disparité de la société s'est accentuée depuis la Libération. L'émergence de la classe moyenne a changé la donne.

L.P Pendant la période industrielle seulement deux grandes catégories séparaient la population, le monde paysan et la classe ouvrière. La classe paysanne a maintenant presque disparu. Seuls ont subsisté les ouvriers, quoique moins nombreux, remplacés par les employés devenus aussi nombreux que ces derniers. Les catégories sociales se sont considérablement diversifiées. L'INSEE distingue au moins 9 grandes catégories socio-professionnelles. Les partis politiques ne peuvent les représenter comme ils représentent les grands courants d'opinion, ce qui complexifierait encore plus leur représentativité au Parlement.

I.A Chacune de ces familles veut arriver au pouvoir à sa façon. A priori pour servir le peuple. Mais on dit également que le vote ouvrier était passé à la droite extrême après avoir déserté les partis de gauche pour au moins une partie d'entre eux.

L.P Mais ce n'est pas une raison pour les éliminer : ils sont l'expression des opinions politiques dans un contexte démocratique fluctuant.

I.A Comment dans cette incohérence trouver qui peut agir dans l'intérêt de la France avant tout ? Intérêt mal incarné par un seul homme, c'est-à-dire par un Président et par le groupe auquel il a appartenu ? Celui du parti politique majoritaire dans l'Assemblée nationale ? Un grand parti compte environ 300.000 adhérents. Il y a 43 millions d'électeurs potentiels. En arrivant au pouvoir, ils forment une petite oligarchie, une caste minoritaire monarchique, d'autant plus que leurs mandats sont souvent permanents.

Comment espérer qu'ils puissent respecter leurs engagements si leurs première ambition est de s'y maintenir en faveur du parti auquel ils appartiennent ?

L.P Il faudrait donc des mandats courts et non renouvelables. Pendant la 3 e et 4 e république il n'était possible de choisir un exécutif qu'après coalitions partisanes. Ce qui en rendait la stabilité incertaine. D'où le principe d'entrainer la dissolution de l'Assemblée nationale en cas de refus d'accorder la confiance à ce gouvernement. Cette technique choisie par le Général de Gaulle, a eu pour but de donner encore plus de pouvoir à l'Exécutif et plus de stabilité soi-disant indispensable pour mener la France, comme il l'entendait.

I.A En arrière-plan il voulait surtout amoindrir le parti communiste. Après le refus du référendum qu'il a proposé, après sa démission qui était prévisible, en avril 1969, il aurait fallu revenir à la constitution précédente.

L.P A cette occasion, le peuple a rejeté le personnage plus que ce qu'il proposait. C'est encore une fois la preuve qu'il ne faut pas négliger les choix populaires.

I.A C'est ce qui s'est passé avec Churchill après la guerre, pourtant également personnage emblématique. Mais les circonstances ayant changé, on ne demande plus le même service à ceux qui ont servi un certain temps. L'alternance est la manifestation principale de la démocratie. Quitte à ce que peuple fasse preuve d'ingratitude.

L.P Si l'instabilité des gouvernements avait effectivement marqué la 3 e et 4 e République, ce n'était plus désormais un motif suffisant pour instituer dans la constitution un système de stabilisation forcée au détriment du pouvoir législatif. On a vu récemment la Belgique sans gouvernement pendant 18 mois. Sans inconvénients majeurs. Il faudra replacer tout le système de gouvernement dans une perspective de ce type, sans se préoccuper outre-mesure de stabilité gouvernementale. L'article 49/3 qui maintient une épée de Damoclès sur les députés un peu trop frondeurs de la majorité pendant la durée de leur mandat, est à proscrire. Il faut que ceux-ci assument leur responsabilité.

I.A Grâce à cet article, le Président de la République peut prononcer la dissolution de l'Assemblée Nationale en cas de mise en minorité du gouvernement, et provoquer, de nouvelles élections, pour mettre si possible en phase les pouvoirs exécutif et législatif. Toutefois l'Assemblée suivante ne peut être dissoute avant un délai d'un an. Pour avoir voulu renforcer la stabilité et les pouvoirs du gouvernement, on tombe dans l'effet pervers qui limite les pouvoirs de l'Assemblée Nationale. Des « godillots » comme on l'a dit déjà du temps de de Gaulle. D'où le désintérêt de la majorité de la population envers des députés qui n'ont pratiquement pas la parole, sauf lors du vote des amendements que le gouvernement refuse généralement si ce sont ceux de l'opposition. Une Assemblée nationale simple chambre d'enregistrement, combien de temps cela peut-il durer ? Quand et comment changer cet état de fait ?

L.P Il y a eu plusieurs révisons constitutionnelles depuis des décennies, qui normalement auraient dû permettre d'adapter notre Constitution à l'évolution sociale interne et celle du monde extérieur actuels. Mais aucune n'avait pour but d'augmenter le niveau de la représentativité.

I.A On a parlé pourtant de réintroduire une dose de proportionnelle dans le système de vote.

L.P Tant que les partis serviront d'intermédiaire, les résultats électoraux pourront toujours être détournés en leur faveur dès qu'ils arrivent au pouvoir ne serait-ce que grâce aux lois organiques qui les favorisent.

I.A D'où la nécessité de ne pas laisser à l'Assemblée nationale le droit de légiférer pour son propre compte. Les députés ont fait passer des modifications constitutionnelles mineures qui devraient renforcer le droit à la parole de l'Assemblée nationale, mais sans que cela change grand-chose. La priorité reste celle du gouvernement.

L.P Le pouvoir de l'exécutif a été largement préservé. Les députés bien que frustrés du peu de poids qu'ils représentant n'y sont pas fortement opposés tant la puissance de l'exécutif leur sera nécessaire pour les prochaines élections.

I.A La fièvre des dernières élections présidentielles ne tombe plus depuis que la durée du mandat est passée de 7 à 5 ans. Rien n'a été oublié disent les analystes politiques. La déception qui s'était emparée de la population de gauche en avril 2002 quand Lionel Jospin est arrivé troisième de l'élection présidentielle au premier tour, suivie de l'augmentation des abstentions lors de consultations électorales habituelles, cette déception subsiste, en tout cas parmi cet électorat, malgré le regain de participation lors du dernier référendum en 2005. Ce qui montre bien que le peuple se sent concerné et réagit fortement quand il est consulté directement.

L.P Mais il reste impuissant à cause d'un article de la constitution qui permet de transgresser ce type de consultation par référendum, en laissant cette option au Congrès qui peut adopter un texte avec une majorité des 3/5. On comprend l'inquiétude de certains analystes politiques qui estiment que les effets pervers engendrés par le système constitutionnel actuel conduisent à la catastrophe.

I.A Si de nombreux Français continuent à se révolter contre la situation économique et sociale actuelle, d'autres se résignent, du moins pour le moment. Devant l'ampleur du changement qui serait nécessaire, faire bouger les lignes dans pareil cas, suppose une forte cohésion dans la population autour d'un projet suffisamment élaboré.

L.P Sauf si on transgresse la légalité constitutionnelle. Mais sans référendum je ne vois pas comment modifier ce qu'un référendum a institué. Toutefois étant donné la grande complexité de nos sociétés modernes des modifications seront nécessaires pour mieux suivre cette évolution. Si la France a eu de nombreuses révisions constitutionnelles, elles n'ont porté que sur des aménagements partiels. Rien n'a changé sur la répartition des pouvoirs. Chaque fois il s'agissait de pallier quelques défauts mineurs de celle qui la précédait. Quand la société évolue vite, elle se trouve souvent en décalage avec des règles instaurées dans le passé. L'habileté du Président de la République Nicolas Sarkozy consistant à faire accepter quelques « avancées », sans portée réelle, lui a permis de passer une étape de revendications, comme si tout était définitivement réglé. Certains politiques qui ont conscience du risque, veulent inclure dans le programme de leur parti, des projets de changements au moins du système électoral, en supprimant les doubles mandats. Et peut-être instituer une part de proportionnelle. Preuve que la représentativité est mise en question.

I.A La plupart de Français n'ont pas de notions de droit. Ils sont amenés à faire confiance à leurs représentants politiques, pour admettre que les modifications prévues seront à même de répondre en partie du moins, à leur attente. Ces modifications ne sont pas soumises à référendum pour les faire accepter par le Congrès sans grands risques de refus.

L.P Voilà encore une disposition qui devra être supprimée. Elle n'est pas démocratique. Ces différents toilettages sont des améliorations insuffisantes de notre système politique.

L.P. On n'effacera pas toutefois, l'obligation de donner par ce moyen, plus ou moins justifié, des pouvoirs à l'avance – voir la foire aux projets et promesses des élections Présidentielles – donc de faire confiance, à des hommes ou des femmes seuls qui sont faillibles et qui ne pourront pas toujours répondre de leurs engagements.

I.A Ils disent avoir besoin de la durée pour que les décisions puissent porter leurs fruits.

L.P. C'est un argument pour ceux qui choisissent ce métier. Je ne crois pas beaucoup aux décisions prises sur le très long terme. Concernant par exemple le calcul des retraites qui a été fait sur 40 ans. Comment peut-on, en démographie, prévoir l'avenir à un terme aussi éloigné ! Qui dit qu'il n'y aura pas de bouleversements d'ici là ? Qui aurait pu prévoir il y a quelques décennies notre société telle qu'elle existe actuellement ? Qui aurait imaginé la mondialisation, l'immigration ?

I.A On se fie à des projections qui sont prises pour des prédictions Les statistiques sont utilisées pour aider à établir des projets. Rien ne prouve qu'ils se réaliseront. Les statistiques sont des résultats chiffrés qui n'ont de sens que par et pour ceux qui les traduisent.

L.P. Je ne crois qu'au court terme dans notre monde devenu aussi rapide depuis la fin de la dernière guerre. D'où la nécessité du renouvellement fréquent de toutes les analyses. Il faudrait ne considérer une élection que comme une première phase, qui sera validée ou non dans la réalité quelque temps après.

I.A La majorité des députés est opposée à diminuer la durée des mandats, pour des raisons que j'estime discutables.

L.P Ce qui prouve, encore une fois, qu'un système ne peut se changer de l'intérieur. Une refondation des institutions venue de l'extérieur, imposée par la population pour changer le système, est seule capable d'opérer ce changement. Je ne suis pas le seul à l'estimer nécessaire.

I.A Si j'ai bien compris il faudrait revenir à la constitution précédant celle de 1958 ?

L.P Cela me paraître indispensable effectivement. Mais il faudrait l'améliorer sensiblement. S'il est vrai que des projets de révision de la constitution de 1958, ont été formulés par la commission Balladur, ou par A.Montebourg, F.Bayrou, ou C.Lepage rien n'a abouti. Parmi ceux qui ont parlé d'une 6e République, Arnaud Montebourg est celui qui a été souvent cité dans les années 2005. Son objectif, comme celui de Quilès était de redonner vie à un Parlement atone et aux ordres de l'Exécutif.

I.A Il ne suffirait donc pas de décréter le mandat unique, comme certains députés le demandent depuis longtemps pour qu'ils puissent remplir pleinement leur rôle. L'élection du Président de la République au suffrage universel a été instaurée comme un substitut à cette impuissance.

L.P Les Français sont attachés à ce mode d'élection : effet probable de la médiatisation des élections. Ce qui ressemble à un référendum flatte toujours une population à qui on demande son avis. Ce qui flatte, comme je l'ai dit, son ego, mais introduit une dose de populisme. La personnalisation de ce système, met le Président élu au rang d'un sauveur. Souvenir probable d'une monarchie paternaliste de l'ancien régime qui séduit ceux qui ont l'ambition de devenir roi un jour. Ce qui explique probablement que A.Montebourg ait accepté, dans ses ouvrages, de maintenir ce principe électoral pour la présidence.

P C On a pu lire également dans " le Monde" du 5/6 mai 2002 huit pages d'articles qui prônent un changement de régime. Un Régime "primo-ministériel" le plus souvent. Plus rarement un Régime qui redonnerait, par quelques aménagements, de nouvelles prérogatives à l'Assemblée Nationale. On a reparlé, à l'occasion des Sénatoriales, de l'anomalie que représente ce Sénat qui ne "sert plus à rien et qui nous coûte cher" disent la plupart de nos concitoyens : c'est un placard doré !

I.A Quelques personnalités, comme F. Bayrou, C. Lepage ont rédigé chacun une Constitution, ne serait-ce que pour redonner, à leur façon, un peu plus de pouvoir à l'Assemblée nationale. Soit un régime primo ministériel à l'anglaise, soit présidentiel à l'américaine, ou celui primo ministériel de notre 4 e république, mais amélioré. Actuellement une commission a été initiée par Bartolone, le Président de l'Assemble nationale, pour réviser nos institutions. Si l'initiative peut paraitre bonne, il y a peu de chances que des propositions importantes qui y sont faites soient adoptées, étant donné, comme déjà dit qu'on ne changera pas le système lui-même.

L.P. Il y avait une avancée certaine dans la proposition de Corinne Lepage, notamment en instaurant un « Conseil de la société civile », hélas sans pouvoirs. Mais ce qu'elle préconise est cent pour cent Présidentiel. Je suis opposé à la personnalisation excessive du pouvoir, avec ce que cela suppose comme risques, quand il n'y a pas de véritables contre-pouvoirs.

I.A Pourtant le modèle américain personnalise le Président.

111

L.P Mais avec peu de pouvoirs. Essentiellement le veto. C'est le Congrès qui décide. Ce qui rend le système très conservateur, à la merci des lobbies qui se concurrencent,

I.A A.Montebourg veut redonner des couleurs au Parlement, mais ne change pas grand-chose sur le long terme, car le système électoral, même amélioré avec un dose de proportionnelle à l'Assemble nationale, reste le même. Pour lui le Sénat serait élu à la proportionnelle intégrale, mais sans aucun autre pouvoir que consultatif comme c'est le cas actuellement. Une chambre d'opinion admet-il. F.Bayrou, lui, ne supprime pas non plus les pouvoirs du Président de la République. Le Président de la République aurait un peu moins de pouvoirs que ce que préconise A.Montebourg, mais il est toujours élu au suffrage universel direct. On peut les soupçonner de maintenir ce système pour en bénéficier peut-être un jour pour eux-mêmes. Malgré tout, le parlement redeviendrait prioritaire pour élaborer et voter des lois, que le gouvernement n'aurait plus qu'à exécuter. Les trois modèles proposés insistent plus particulièrement sur certains aspects mais ne résolvent pas le problème de la représentativité partisane imparfaite.

I.A Ces constitutions proposées ne vous ont donc pas semblé suffisantes ?

L.P Je ne vois que le suffrage intégralement proportionnel. Et, mieux, un système électoral non plus lié à l'importance des partis politiques, mais à celle de la population civile selon sa composition en 9 catégories socio-professionnelles déjà évoquées, comme je le propose.

I.A Le système électoral à deux tours, en éliminant les petits partis, diminue les contestations à l'Assemblée nationale. Même à un tour, la représentativité restera discutable du moins tant que l'abstention est importante. Depuis 1958 ce système électoral ne correspond plus à ce que la population espère lors de chaque élection : la majorité électorale au parlement n'est plus proportionnelle au nombre de voix obtenues lors du vote. Les résultats électoraux ne correspondent pas aux souhaits de la population dans son ensemble. L'abstention qui augmente est un signe de perte de confiance dans le système, dans la façon dont il est appliqué.

L.P Les articles 49-3 et celui du 44 concernant le vote bloqué reste l'arme absolue contre toute tentative de rébellion du parti majoritaire, à qui il ne reste plus que la motion de censure et ses risques de dissolution de l'Assemblée nationale, ce qui revient à un genre de suicide électoral. Ces articles devront évidemment être supprimés.

I.A Ce qu'on a reproché à l'élection proportionnelle, c'est la difficulté de trouver une majorité législative capable de prendre des décisions importantes.

L.P La plupart des démocraties s'en accommodent. Les temps ont changé. Je ne crois pas que les choses seraient très différentes si le Parlement reprenait des couleurs comme avec la constitution de la 4 e république. La France puissance coloniale, était de toute façon passablement léthargique. Elle était essentiellement préoccupée par la lutte des classes. La classe politique a été par ailleurs profondément dénigrée par le total abandon de ses pouvoirs démocratiques en faveur du régime pétainiste, en 1940.

Ceux qui nous gouvernent ont montré après l'avènement de la 5 e République en 1958, plus d'intérêt à parvenir aux affaires et à s'y maintenir, favorisant ainsi les classes dont ils sont issus, que l'intérêt prioritaire du pays dans son ensemble contrairement à la vocation gaullienne. De Gaulle incarnation de l'homme honnête, cherchait incontestablement l'intérêt du pays. Mais après sa disparition le système partisan qu'il a instauré favorisait les partis les plus importants au détriment des petits partis, obligés à se coaliser pour des raisons électoralistes. Depuis il a toujours un hiatus entre le peuple et ses représentants.

I.A Certains disent qu'il faut du temps pour gérer les situations difficiles.

L.P Je ne peux le nier. Mais rien ne prouve que les dirigeants alternatifs suivants ne continueront pas le processus engagé.

L.P Trois ans, renouvelable une fois pour un mandat devraient suffire. D'où la nécessité d'accorder aux citoyens un droit de révocation des lois ou des élus par un référendum populaire. Cette possibilité serait aussi applicable au Président de la République comme c'est le cas au Venezuela.

I.A Cette volatilité rendrait de nouveau une instabilité politique dangereuse.

L.P. Je ne crois pas que le peuple soit versatile à ce point. Une Constitution se doit correspondre à chaque époque à une organisation de la société à l'aide d'institutions et principes établis pour le long terme. Les lois qui sont votées en tiennent compte. Avec un contrôle du Conseil constitutionnel. Mais comme la société évolue, des révisions paraissent quelquefois nécessaires. Chaque pays a la sienne, mais chaque pays selon son histoire l'a faite à sa façon. Quand on se trouve face à des bouleversements difficiles à contrôler, il faut remettre en cause les textes qui régissaient la société au moment où ils ont été conçus pour une époque donnée. La constitution que je préconise doit être vue comme un recours, une façon pour notre société de se reprendre en main.

I.A Vous avez eu de nombreux témoignages satisfaisants, enthousiastes sur votre site, de partisans de cette solution. Prêts à agir dans ce sens et former, des noyaux de députés « référents » à titre expérimental.

L.P C'est ce qui m'a permis de continuer à y travailler. La réalisation ne dépend pas de moi, mais de circonstances exceptionnellement favorables. Disons que c'est un plan B qui a le mérite de l'alternative.

Référendum

I.A Si je résume, vous estimez possible de redonner force au pays languissant, en perte de démocratie à la fois par des modifications substantielles de notre constitution, grâce à un renouveau de la représentativité de la volonté populaire, aller vers l'intérêt supérieur de la nation en combattant toutes les influences nocives des groupes de pression qui l'esquivent.

L.P Pour compléter ce dispositif qui, changeant de constitution, redonnerait la main aux citoyens, et permettrait de rétablir une justice sociale, il faudra faciliter le droit aux référendums en le perfectionnant. Le principe de donner le droit à 10% des citoyens à initier un référendum, dans la Constitution en juillet 2008, n'apporte qu'une innovation de façade : non seulement il serait difficile d'arriver à un tel chiffre dans une pétition, mais l'acceptation d'une telle demande dépend toujours en final, du Président de la République. D'autre part, il ne peut être utilisé actuellement car il n'a toujours pas reçu de décrets d'application. Autant dire qu'on se moque du peuple que l'on continue à mépriser en le privant de ce droit souverain. Il faudra commencer par modifier le dernier article, l'article 89 de la Constitution actuelle qui réserve aux seuls pouvoirs publics le soin d'initie un référendum pour sa révision. On a, par cet article, la preuve que nos constituants n'ont jamais voulu prendre le risque de faire confiance au peuple, pour lui donner le droit de réviser lui-même sa constitution.

I.A Pourquoi ne pas obliger le gouvernement à promulguer cette loi et la faire entrer en pratique par un décret d'application en bonne et due forme ? En permettant au peuple de prendre lui-même une décision importante qui le concerne, sans passer par les intermédiaires que sont les députés et l'Assemblée législative, il serait possible de satisfaire ses revendications. Pourquoi ne pas restaurer au moins le référendum d'initiative citoyenne dans toutes les communes ? Cette technique est pourtant instituée dans la constitution ?

L.P Cette technique référendaire existe dans la Constitution actuelle à l'échelle locale, mais elle rarement mise en pratique, parce qu'elle n'est que consultative. Telle qu'elle est prévue, elle n'a pas force de loi. C'est pourquoi elle n'est que rarement utilisée. Dans l'article 3 de notre constitution, il est bien dit: « la souveraineté nationale appartient au peuple qui l'exerce par ses représentants et par la voie du référendum. Aucune section du peuple ni aucun individu ne peut s'en attribuer l'exercice ». Mais l'initiative au niveau local appartient encore au Maire. L'initiative citoyenne existe au niveau national dans notre constitution, mais à cause de conditions particulières elle difficilement applicable. D'ailleurs si cette loi n'a pas reçu de décret d'application, c'est que nos dirigeants avaient peur du peuple.

L.P Trop fréquent un référendum deviendrait vite impraticable pour un pays de plusieurs millions d'habitants. Plusieurs centaines de lois sont votées chaque année. Dans un pays comme le nôtre il est impossible de consulter directement, pour la plupart des décisions importantes, des dizaines de millions d'habitants.

I.A Vous avez raison. Même pour un petit pays comme la Suisse il est peu utilisé. L'article 11 en question sur le référendum, n'est qu'un faux-semblant destiné à calmer les polémiques. On se rapprocherait certes de la démocratie participative, susceptible de donner un pouvoir de décision direct et légitime au peuple, à condition de l'utiliser avec discernement. Il est vrai que c'est un système simpliste lent et lourd à manier, qui entraînerait des abus selon la forme des questions posées – risque de populisme plébiscitaire ou même un certain désintérêt, si on l'utilise trop, - si les textes proposés sont sinon ambigus du moins tendancieux. Qui le rédigerait ? Le NON majoritaire au référendum du 29 juillet 2005 sur le traité constitutionnel recèle des motivations très différentes. Question simple ou simpliste ?

Le caractère risqué du référendum n'a pas disparu à cette occasion. Pour ou contre Chirac qui l'a proposé ?

L.P Je reste sensible aux arguments des détracteurs du référendum, qui disent que le référendum est un dispositif utile certes, mais plein de dangers. Le référendum doit être réservé aux cas exceptionnels. Il est souvent décrié par les partis politiques, car c'est un système simpliste lent et lourd à manier, qui peut entraîner des abus selon la forme des questions posée   ou si les textes proposés sont ambigus. Question simple ? Réponse simple, mais en apparence seulement.

I.A Derrière la question posée, il y a le Président de la République qui le décide, puisque c'est actuellement lui qui constitutionnellement peut seul la proposer. Tout se passe comme si celui-ci devant l'importance de la décision à prendre, voulait en quelque sorte se démarquer des conséquences en faisant appel au peuple. La ratification revient à lui faire confiance, comme c'était le cas avec le général de Gaulle et même Mitterrand qui a pu ainsi faire accepter, de justesse, on l'a vu, le traité de Maastricht. Le poids des dirigeants a fait accepter les traités de l'U.E du traité de Rome au traité de Maastricht et le dernier traité de Lisbonne. On en mesure les conséquences actuellement avec la remise en cause de la zone euro et du rôle de la BCE au regard du manque d'efficacité des gouvernements en période de crise.

L.P Le référendum n'est pas une solution en soi. Même en Suisse où le référendum est plus souvent utilisé, la Démocratie n'est pas exemplaire, à croire ce qu'en dit le Suisse Jean Ziegler, dans la mesure où, connu pour être un paradis fiscal, le poids des multinationales dans ce pays y est prépondérant. Qu'est-ce qui est le plus légitime, un référendum sur le TCE, en 2005 ou un « chef » élu en 2007 et en 2012 ? Deux votes issus directement du peuple. Donc parfaitement démocratiques. Nicolas Sarkozy a obtenu 53% des voix en 2007. Si l'on retire les abstentions et votes non pris en compte, il n'en aurait probablement obtenu que moins de 50%. Si l'on ne retient que les voix du premier tour, c'est avec 31% qu'il a estimé qu'il pourrait parler et agir au nom de la France entière. Ces 22 % supplémentaires du 2 e tour sont-elles des voix pour lui ou des voix contre sa concurrente ? A supposer une répartition égale, on aurait 42 % de votes réellement favorables à Sarkozy. Quand J.Chirac avait été élu en 2002 au deuxième tour avec 83 % des voix, comme au temps du soviétisme, ce score était-il plus légitime ? A l'inverse on peut penser que les 53% de NON au TCE en 2005, auraient peut-être été supérieur sans l'influence des médias et du Président Chirac, en faveur du OUI. Le Oui au traité de Maastricht appuyé fortement par Mitterrand a eu des conséquences lourdes en imaginant ce qu'un NON aurait produit comme remise en cause de la zone euro et du rôle de la BCE.

I.A De Gaulle a essuyé un refus en avril1969. Il s'était présenté ouvertement comme une confirmation à sa politique. Ce que le peuple français n'a pas apprécié.

L.P. Quand le résultat ne dégage pas une majorité significative il ne faudrait pas en tenir compte. Il faudrait un système léger, permettant au peuple de s'exprimer rapidement sur les problèmes de société qui sont de plus en plus fréquents. L'opinion publique est avertie instantanément par les médias. Lesquels s'emparent de ces sujets, se synchronisent en les mettant en avant, les rendant ainsi plus aigus. En analysant les nouveaux articles de la Constitution que je propose dans ce sens j'essaie de trouver une réponse à cette difficulté.

I.A Pourtant les gens « d'en bas » plus politisés que dans le passé veulent être présents, représentés dans le fonctionnement général de la Société. Ils sont frustrés de ne pouvoir agir directement sur le pouvoir exécutif.

L.P En résumé, tel qu'ils le considèrent, le référendum est décrié par les partis politiques, qui n'apprécient pas de s'effacer devant ce pouvoir direct.

Représentativité

I.A On a vu que le système électoral classique élit les députés en fonction du nombre des suffrages exprimés sur son nom. Réunis en Assemblée, en démocratie, ils sont la base de toute politique, qui établit ainsi l'organisation de la Cité. Cet intermédiaire indispensable, puisque le référendum reste exceptionnel, représente le peuple qui choisit ensuite ses dirigeants. Depuis que la politique est devenue de plus en plus « politicienne » dans son sens péjoratif, cette représentativité est discutable. Les députés, détachés de ceux qui les ont élus savent profiter d'un système électoral établi en leur faveur au fil des décennies. Je suis partisan, comme d'autres, d'utiliser un système électoral amélioré, qui éviterait le professionnalisme, notamment en diminuant la durée du mandat et son renouvellement.

L.P L'alternance plus fréquente aurait l'avantage de pouvoir rectifier et remettre en cause les d'orientations précédentes qui se sont avérées mauvaises dans les faits. Les avantages financiers qui favorisent les partis politiques qui ont le plus d'adhérents devront être sinon supprimés, ou mieux répartis pour éviter le bipartisme ou tripartisme qui ne correspond pas à la culture française. Les campagnes électoralement les plus efficaces sont comme aux Etats-Unis celles qui réunissent le plus de moyens financiers.

I.A Ce qui fausse la représentativité en influençant les électeurs par une propagande soutenue parce que bien financée. Le tirage au sort éviterait disent certains, les inconvénients de la mauvaise représentativité du système électoral actuel.

L.P Le tirage au sort est une aberration, qui met en trompe l'œil la perspective d'une soi-disant solution que je considère comme un sophisme dangereux pouvant aller jusqu'à l'anarchie, car il crée l'irresponsabilité de ceux que le sort a désignés, et supprimerait toute validité à la représentativité. L'argument de ceux qui plaident en sa faveur, consiste à proposer n'importe qui au pouvoir, plutôt que des membres connus des partis. Le tirage au sort ne peut être valable que s'il est effectué dans un groupe d'individus homogène. Etant donné la grande diversité de notre population, ce serait supprimer tout légitimité à la représentativité de l'Assemblée qui serait composée de membres hétéroclites.

I.A Ceux qui prêchent le tirage au sort s'appuient sur la démocratie athénienne qui effectivement utilisait le tirage au sort, notamment pour désigner les magistrats.

121

L.P Ce système n'était utilisé que pour obliger les citoyens désignés à des tâches administratives connues particulièrement difficiles. On utilisait l'élection personnalisée pour des missions très importantes confiées à des stratèges par exemple. Par exemple le choix des guerres. Les décisions étaient prises directement par le peuple sur l'Agora. Il n'y avait pas d'Assemblée intermédiaire représentative pour établir et voter les lois.

I.A   Je prétends qu'il est possible de perfectionner le système électoral actuel pour que les députés ressemblent au plus près à ceux qui les ont élus. La représentativité de l'Assemblée nationale doit être proportionnellement la plus proche de la diversité de la population. D'où l'intérêt, de réserver la possibilité de revoter si la différence entre le résultat du vote majoritaire entre les parties minoritaires est faible. Il faut que ce résultat soit significatif.

Suppressions, modifications institutionnelles

L.P   Inscrite dans la constitution, le système électoral a été précisé par des lois organiques où on laisse le soin à l'Assemblée nationale elle-même de choisir de façon arbitraire ce qui lui convient le mieux, ne lui appartiendrait plus.   L'écran de fumée d'une mauvaise représentativité est permanent. Depuis au moins quelques décennies, la France est gagnée par la gangrène de la médiocrité, due à la pérennisation de ce type de prérogatives.

I.A J'ajouterai la sécurité accordée à ses membres par l'immunité parlementaire. La révocation à mi-mandat, par référendum a été introduite dans la Constitution du

Venezuela. Pourquoi ne pas s'en inspirer pour accroître l'efficacité de l'Assemblée nationale classique ? La Constitution « Bolivarienne » adoptée par référendum a permis un meilleur partage de la richesse du pays. La réforme agraire a diminué fortement les inégalités. Il faut noter également l'importance donnée à l'Education et la Santé dans ce pays émergeant. L'utilisation du référendum pour l'abrogation d'une loi ou pour la destitution d'élus, confère à ce pays un caractère démocratique incontestable. Quand la conduite du pays ne semble pas conforme à ce qu'espère la majorité au pouvoir, celle-ci nomme un autre premier ministre, le membre du parti qui s'y était opposé. Sans entraîner obligatoirement la démission de tout le gouvernement. Cette technique de remaniement forcé par le peuple redonnerait ainsi force et légitimité à son pouvoir.

L.P Il faut donner d'avantages de droits aux minorités susceptibles de contrer la majorité du moment, renforcée par le droit d'abrogation directe des lois par référendum d'initiative populaire, comme c'est le cas en Italie ou en Suisse. Prendre en compte cet état de fait, sans tomber dans les risques populistes est l'objectif du changement constitutionnel que je propose. On peut également tempérer le vote d'une loi auparavant très contestée, en la remettant aux voix, si le quorum du premier vote est trop faible pour être significatif, avant même son application. Après l'alternance des personnes et des partis politiques, l'alternance des lois pour augmenter la légitimité des résultats.

I.A Et au cas où ce deuxième vote n'apporterait pas de changement significatif, l'impossibilité de l'Assemblée nationale de prendre de graves décisions demanderait l'approbation directe du peuple par référendum.

L.P Bien entendu il faudra définir les domaines d'intervention populaire dans la Constitution. Javier Bardieau, journaliste Vénézuélien a dit « Ne sous-estimez pas le peuple, ne sous-estimez pas sa capacité, son intuition, ni sa capacité d'autonomie politique, intellectuelle et morale ». C'est le même peuple qui avait pourtant porté ce Président au pouvoir, qui a estimé que ce que proposait ce dernier était un déni démocratique.

I.A Ce qui contredit un argument fréquent venant des conservateurs, qui estiment que le peuple n'est pas suffisamment éduqué pour lui donner le pouvoir de s'autogérer.

L.P Cela fait partie des faux problèmes. Les référendums le démontrent facilement. Nous devons évoquer plutôt les vrais problèmes attribués à notre système démocratique en tant que tel. Pour y remédier il faut supprimer ceux qui sont d'origine constitutionnelle, c'est-à-dire la base politique. Améliorer le fonctionnement de l'administration publique en créant suffisamment de postes de contrôles, corriger les problèmes économiques et financiers, redonner vie aux valeurs républicaines par des initiatives éducatrices. Ces profonds changements ne seront possibles que si les objectifs sont inscrits clairement, à la portée de chaque citoyen, dans une nouvelle constitution. Modifier le système politique et financier pour pouvoir lutter contre les carcans qui parasitent notre pays redonnera confiance dans l'avenir, essentiel pour la croissance. Les retombées sociales sont évidentes.

I.A Il est vrai que la médiatisation excessive d'hommes politiques connus, obère l'arrivée de femmes et d'hommes nouveaux. La présence permanente d'un Président sur le terrain, encourage la démocratie de spectacle, dans une illusion dramatique. A coups d'annonces médiatisées, il joue avec des réformettes d'intérêt secondaires le plus souvent inefficaces. Le Président de la république, élu au suffrage universel comme l'est l'Assemblée nationale, met en scène deux légitimités qui s'opposent. Mais c'est le « chef » qui naturellement domine.

I.A La Nouvelle Constitution déterminerait donc en détail le nouveau rôle de l'Assemblée législative, les conditions précises des saisines, des systèmes de vote, leur domaines d'intervention, le statut de ses membres, etc. Elle modifierait la forme de l'exécutif, avec un Premier ministre et son équipe seuls aux commandes, et un Président de la République simplement garant des valeurs de la République. La saisine du Conseil constitutionnel, d'ailleurs rénové, devrait être possible, non seulement par les députés, mais par pétitions citoyennes. C'est pourquoi j'ai écrit des articles constitutionnels en les mettant à la portée de tous, chacun ayant reçu une note d'explication. Ce qui permettrait aux Français d'enclencher des modifications en connaissance de causes.

Suppression de l'élection du Président de la République au suffrage universel

LP. Les Présidents de la république sont en quelques sortes des hauts fonctionnaires, gestionnaires trop seuls pour être les guides suprêmes de la nation. C'est une fonction qui demande une envergure peu courante en temps normal.

I.A Vous pensez changer le système électoral du Président de la République, alors que les sondages disent que ce système plait majoritairement à la population.

L.P. C'est l'argument qu'on nous ressort toujours. Je ne le considère pas comme valable. Il ne fait plus l'objet de débats : il est admis comme définitif, alors qu'il correspondait seulement à l'époque Gaullienne. L'habitude est prise. Les jeunes générations ignorent que ça n'en a pas toujours été le cas. Le vote présidentiel est un jeu qui forcément flatte les électeurs, qui se considèrent comme importants, sans se rendre compte qu'ils sont abusés : le candidat change dès qu'il est devenu le « chef », oublie ses promesses et se moque de l'avis de ceux qui l'ont élu. L'attrait du pouvoir a convaincu François Mitterrand d'oublier qu'avec Mendès-France, il était opposé à ce type d'élection pour ce type de fonction. Même Michel Roccard, - personnage politique s'il en est - a avoué sur ARTE le 3 août 2010 à 23 h 50 (la démocratie des Moi) s'être trompé pendant 40 ans sur le principe de l'élection du président de la République au suffrage universel direct. Il Le considère comme "catastrophique pour la France". En tant que professionnel de la politique il doit avoir des arguments. Malheureusement il ne les a pas donnés. La preuve est que ce type d'élections est une aberration. Personnalisation excessive qui nous ramène au plébiscite bonapartiste. Il s'agit d'affrontements non pas entre des idéologies mais entre supporters de champions. Chacun comme dans une auberge espagnole est censé trouver son bonheur pour des raisons plus ou moins conscientes, peu avouables, où certains instincts sont flattés au détriment de la Raison. Bien que la démocratie se soit installée progressivement à partir des Lumières comme la 1ère République avait commencé à le faire, elle s'en est éloignée souvent. S'agissant de « chefs» le Président est accompagné d'une cour comme sous la Royauté, une caste politicienne en République, dans les deux cas sous forme aristocratique. Mais sans oser le dire.

I.A Il est vrai que la médiatisation excessive d'hommes politiques connus, obère l'arrivée de femmes et d'hommes nouveaux. La présence permanente d'un Président sur le terrain, encourage la démocratie de spectacle, dans une illusion dramatique. A coups d'annonces médiatisées, il joue avec des réformettes d'intérêt secondaires le plus souvent inefficaces. Le Président de la république, élu au suffrage universel comme l'est l'Assemblée nationale, met en scène deux légitimités qui s'opposent. Mais c'est le « chef » qui naturellement domine.

I.A. Rien n'empêcherait de revenir au système précédent de l'élection du Président de la république par le Congrès. Il serait le garant de la République, son représentant à l'Etranger. Il faudra donc revenir au parlementarisme traditionnel où seule une Assemblée nationale peut être élue au suffrage universel, ce qui est l'essence même de la démocratie représentative.

I.A Uniquement pour cette raison ?

L.P. La constitution fait du Président de la République le chef suprême du pays. A l'approche de la présidentielle tout le pays se concentre sur les noms des favoris que donnent les sondages. Il est inamovible, omnipotent. Il concurrence quelques fois le pouvoir de l'Assemblée nationale. Ce pouvoir très personnalisé est celui d'une monarchie constitutionnelle. L'Histoire dira probablement que tous les Présidents qui ont succédé au général de Gaulle ont été des usurpateurs légaux. En dehors de l'anomalie que constitue la concurrence entre deux légitimités de même niveau, il y a une grave distorsion politique dans le fait que peu de temps après l'élection du Président de la République, on entre en campagne pour l'élection suivante. Façon pour le parti auquel il appartient, de permettre de conserver la même oligarchie au pouvoir grâce aux moyens financiers récoltés à cette occasion.

I.A Donc vous estimez indispensable de *supprimer des pouvoirs du Président de la République*. La durée d'une Présidence n'aurait jamais dû pas dépasser 2 à 3 ans. Le renouvellement impossible. Mais si les pouvoirs du Président ne sont que symboliques, comme le sont les rois et reines qui subsistent dans les royaumes actuels, la durée peut-être supérieure.

L.P J'en conclus que si le Président de la République n'a que des pouvoirs symboliques, il n'y aurait plus le renchérissement démagogique électoraliste, sorte de jeu télévisé, indigne de la République, qui a caractérisé ces dernières élections Présidentielles.

Suppression du vote majoritaire à deux tours

L.P La durée d'une législature ne devrait pas dépasser 2 à 3 ans. On peut imaginer également que ceux qui remportent une élection s'engagent à démissionner au cas où ils n'auraient pas rempli leur engagement. Ou instaurer le droit à révocation des élus. Il n'y aurait là non plus le renchérissement démagogique qui a caractérisé ces dernières élections. Il faut instaurer l'élection proportionnelle intégrale, à un seul tour pour les scrutins de liste pour les législatives. On gagnerait en légitimité de la représentativité.

I.A Vous estimez qu'il faut en plus, pour redonner sa vraie force au suffrage universel, raccourcir la durée des législatures, ce qui éviterait la professionnalisation du mandat de député(e) et donnerait plus de place aux jeunes générations, aux femmes.

Suppression des lois organiques

L.P. Dans l'article 3 de notre constitution, il est seulement indiqué que le suffrage est universel, direct ou indirect. Ce qui laisse la porte ouverte à tous les systèmes électoraux possibles votés par l'Assemblée nationale sous le nom de lois organiques. Il faudra inscrire en détail dans la constitution le système électoral choisi et le soumettre à référendum en cas de changement, de façon à supprimer les lois organiques.

Ratification des traités

Tous ces engagements externes devront être uniquement ratifiés par référendum

Suppression du Sénat

L.P Rédiger les lois lors de la première République était attribué au Conseil des Anciens, sorte de sénat, tous ayant plus de 40 ans. Ce qui actuellement correspondrait au moins à 60 ans ! Des résolutions étaient laissées à l'initiative du Conseil des cinq cents. Le Conseil des Anciens, le futur Sénat les validait, et avait au moins un droit de veto, ce qui n'existe pas pour le Sénat actuel. A moins de donner des pouvoirs réels à cette deuxième chambre, sa nécessité n'a plus la justification d'être un organisme modérateur. C'est l'Assemblée nationale qui a toujours le dernier mot. Ce que je propose c'est donc de supprimer le Sénat. Je crois que presque tout le monde serait d'accord sur ce point. Il sert généralement le parti politique dont il est issu. Le Sénat est inutile et surtout illégitime car il n'est pas l'émanation directement représentative du peuple. La démocratie, ne peut qu'y gagner.

I.A Le rôle du Sénat à l'origine était celui d'être modérateur de l'Assemblée nationale dont le fonds révolutionnaire subsistait à sa création. Il n'influence plus guère directement le fonctionnement des institutions. A peine a-t-il le droit de proposer des lois ou amendements. Que l'Assemblée nationale peut récuser tout ou en partie.

L.P Le bicamérisme qui est le système démocratique fréquent d'autres régimes démocratiques n'est pas indispensable si cet organisme n'a pas comme dans d'autres démocraties au moins un droit de veto.

I.A Il considéré comme étant l'expression de la France profonde, conservatrice, puisque ce sont les grands électeurs, issus des cantons, comprenant donc les maires des très petites communes qui élisent les sénateurs. Chaque parti majoritaire dans un département peut facilement élire un sénateur à sa convenance. Et non les simples citoyens, ce qui là non plus n'est guère démocratique.

Suppression des articles 49-3 et 44 et 16

L.P Ce qui rétablirait la supériorité de l'Assemblée nationale en donnant priorité à ses projets de loi. Priorité donnée à l'ordre du jour en leur faveur. Supprimer également le droit de dissolution attribué au Président de la République en cas de vote de défiance. Actuellement il sert à renforcer le poids du gouvernement pour faire passer ses « projets de loi ». Sauf procédure d'urgence, il faudrait inverser les priorités. Il ne pourrait préparer que des « propositions de lois », laissant les « projets de lois » aux mains des Assemblées souveraines. Ces mots ont beaucoup d'importance. C'est à l'Assemblée nationale suffisamment représentative qu'il appartient de répondre aux besoins de la population. Le gouvernement, je le rappelle est un organe d'exécution. Cela devra être confirmé dans la nouvelle Constitution. J'insiste sur ce fait qui est la règle dans tous les pays occidentaux.

Raccourcir la durée des législatures pour donner plus de place aux jeunes générations, aux femmes.

131

Plafonner les aides aux partis pour les campagnes électorales, et leurs dépenses électorales sans rapport avec leur nombre d'adhérents. .

Améliorer les prérogatives du CSA pour responsabiliser les médias

Moraliser la vie politique en instituant le mandat unique pour les députés, diminuer sa durée et diminuer leurs indemnités qui ne devraient dépendre que de frais restreint, notamment en ce

Instituer les possibilités de révocation des élus qui concerne les attachés parlementaires.

Instituer les possibilités de révocation des engagements et traités externes

Ne pas désigner les grands dirigeants d'organismes nationaux par des organisations politiques. Ils devront être élus en interne par leurs pairs.

Elire les membres du Conseil constitutionnel uniquement pour des raisons professionnelles sans connotation politique

Faciliter l'initiative citoyenne pour recourir au référendum

Instituer le vote majoritaire en deux temps pour les sujets importants

Encourager le syndicalisme

Créer une commission juridique d'investigation apolitique chargée de contrôler les groupes de pressions.

Ranimer et entretenir le sentiment patriotique et civique par l'éducation et l'instruction civique.

Supprimer toutes les immunités politiques et instituer l'inéligibilité automatique des représentants du peuple en cas de condamnation pour délit même mineur.

Faire prêter serment aux candidats à la nationalité française.

Obliger les grands responsables de la conduite du pays à prêter serment au moment de leur intronisation.

Ranimer l'ancien tribunal spécial de haute trahison pour juger les parjures.

Renouvellement de la souveraineté économique

Rétablir le droit de battre monnaie par le Trésor public et contrôler les banques et les taux d'intérêt.

Il faudra rétablir ce droit qui a été complétement aboli par la loi du 3 janvier 1973, et ensuite par les traités européens. Sans cette possibilité régalienne il est impossible de conduire un pays sans obtenir l'accord des forces financières.

NOUVELLE CONSTITUTION ?

L.P Pour une nouvelle république, il suffit de repérer les articles de la constitution actuelle qu'il faut modifier, d'en supprimer quelques-uns et surtout de rajouter ceux qui, ainsi gravés dans le marbre, imposeront le changement projeté. Dans notre cas, il fallait cibler les articles qui concernent le pouvoir exécutif devenu trop puissant, et réviser la question de la représentation et la composition de l'Assemblée nationale. Ceci pour colmater les brèches faites à la Démocratie. Concernant l'atteinte au sentiment républicain, il fallait préciser ce que veut dire la Laïcité, qui certes a abouti à la loi de 1905, mais qui reste imprécise sur certains aspects. Ranimer sans excès le patriotisme et le civisme qui va avec, et raviver les couleurs du drapeau français, par des incitations au civisme. La plupart des articles seront accompagnés d'explications, notamment sur les motivations qui ont conduit à leur rédaction. Il faudra intéresser le grand public à leurs droits et devoirs essentiels qui déterminent leur existence dans la cité.

I.A On se rend compte que les articles de la constitution actuelle n'ayant pas leurs motivations en regard, laissent la place à interprétations à cause de leur formulation trop concise. Ils en deviennent abstraits donc difficiles à comprendre. Certains articles sont trop difficiles à comprendre parce que souvent ils se réfèrent à des articles précédents. En restant sur les principes, on ne définit pas suffisamment le rôle de chacun d'eux. Notamment il y a peu de choses concernant la Justice. Son indépendance, le rôle des procureurs, celui des magistrats, leur responsabilités, sont issus des lois et codes votés au fil du temps, à peine adaptés aux circonstances.

L.P La première constitution donnait de façon précise et détaillée les bases d'une nouvelle société. On sait que les orientations qui sont données par le pouvoir exécutif, suivies par l'Assemblée législative qui vote les lois qui lui sont soumises, tiennent compte de la Constitution, mais parfois s'en éloignent puisque le Conseil constitutionnel est souvent sollicité. On a vu que le budget est un élément essentiel qui répartit la richesse nationale. Il est rediscuté tous les ans mais jusqu'à maintenant, toujours voté dans le sens qu'a décidé le gouvernement, mais sans grand changements. C'est à ce niveau que se répartissent les pouvoirs, chaque ministère recevant des allocations pour son fonctionnement et les investissements habituels.

Une Assemblée nationale référendaire, solution d'avenir ?

L.P Le « déficit démocratique » est dû non seulement à une dilution des pouvoirs institués, mais aussi à la difficulté de légiférer dans un système capitaliste dont l'argent prend toute la place, notamment sous la pression de groupes particuliers. Les élites considérées comme seules compétentes pour diriger le pays, sont capables de gouverner techniquement, mais l'objectif démocratique qui est de viser l'intérêt général ne coïncide pas toujours avec leur quête du pouvoir pour le pouvoir. L'argument principal qui d'ailleurs mène au professionnalisme, est qu'il leur faut du temps pour réussir. Il n'a jamais été prouvé que ce soient toujours les mêmes qui doivent nécessairement rester au pouvoir pour suivre l'application des lois.

Le projet d'instituer une Assemblée référendaire est une création qui se situerait à l'avant-garde de tous les systèmes constitutionnels jamais réalisés à ce jour. Les articles qui lui sont attachés ne sont donc là qu'à titre informatif. Mais ils pourraient inspirer à des constituants certains changements à apporter dans la rédaction d'une nouvelle constitution classique, mais nettement améliorée.

Donner la préférence au pouvoir citoyen, sans campagne électorale ou médiatisation nationale excessive permettrait de ré-humaniser, dé-professionnaliser une Assemblée nationale élue selon des critères éloignés de la financiarisation politicienne. A titre indicatif je donne les compositions des Assemblées nationales actuelle et référendaire.

Comparatif des Assemblées Nationales

COMPOSITION DES ASSEMBLÉES (En pourcentage)	Future Assemblée nationale référendaire	Assem blée nationale actuelle
Employés	15	3
Cadres	4,5	15
Fonction publique	13,5	42
Etudiants	4,5	0
Commerçants, chefs d'entreprise, profession libérale, artisans	4,5	24
Agriculteurs	1,4	3
Inactifs (dont, retraités, sans	37,1	0

profession		
Ouvriers	15	0
Professions intermédiaires	4,5	13
TOTAL	100	100

COMPOSITION DES ASSEMBLÉES sur 577 députés	Assemblée nationale référendaire	Assemblée nationale actuelle (réelle)
Employés- ouvriers	173	17
Cadres	26	88
Fonction publique	78	242
Etudiants	27	0
Commerçants, chefs d'entreprise, profession libérale, artisans	26	138
Agriculteurs	8	17
Inactifs (dont retraités, sans profession)	213	0
Professions intermédiaires	26	75
TOTAL	577	577

La composition de l'Assemblée référendaire est établie à partir des données tirées de l'INSEE de la composition de la population de 18 ans et plus sur un total de 47 millions d'habitants inscrits et non-inscrits sur les listes électorales.

Le scrutin sera un scrutin de listes (voir : le système électoral). Les candidats seront élus proportionnellement au nombre d'habitants qui sont inscrits ou non dans des circonscriptions géographiques définies.

Ces députés seront nombreux. Autour du millier. Ils se présenteront devant leurs électeurs en donnant des informations sur leur situation actuelle, leur vie passée, leur engagement social, et non politique.

Dans la future Assemblée référendaire il devrait y avoir 27 étudiants, et 213 inactifs dont une majorité de retraités et sans profession, qui n'ont pas été séparés en catégories distinctes. Logiquement, au moins quelques centaines de femmes devraient en faire partie. Avec par la suite au moins la parité.

L.P On a vu que la composition de l'Assemblée nationale actuelle n'est pas représentative de la population. Le professionnalisme installé par le système partisan déconsidère les députés. Malgré tout, après modifications et suppressions précédentes, on maintiendrait l'Assemblée nationale actuelle, pour gérer la société au quotidien, en lui laissant le soin de légiférer de façon habituelle. L'Assemblée nationale « référendaire », représentation presque directe de la société civile, dans la mesure où elle est proportionnelle à leur présence dans la société, aurait la légitimité nécessaire et suffisante pour rectifier les excès et déviations de l'Assemblée nationale, ceux des pouvoirs non institués, tels que les groupes de pressions et lobbies décrits plus haut. Elle se situerait donc en dehors de tout intérêt partisan aucun groupe ne pouvant se former dans cette Assemblée quelle que soit l'appartenance des élus à une catégorie sociale ou professionnelle. Chaque député prêterait serment de n'admettre aucun contact avec des groupes extérieurs pouvant l'influencer.

Cette Assemblée serait en quelque sorte un substitut au référendum classique trop difficile à utiliser en permanence. C'est une assemblée par définition non politicienne. Elle ferait transiter la volonté du peuple comme un filtre intermédiaire entre la population et les instances nationales gouvernementales et législatives. Ce serait un moyen d'éviter la main mise financière sur le pays en court-circuitant les décisions gouvernementales qui ont laissé faire, sinon encouragé les directives économiques ultralibérales non démocratiques qui font passer les intérêts de l'entreprise avant ceux des citoyens.

I.A Pourtant c'est l'entreprise qui fournit le travail à la population.

L.P C'est effectivement le système. Mais je démontre ailleurs, que si l'on remonte aux sources, ce n'est qu'une apparence, car à l'origine c'est l'achat du citoyen qui détermine la production. Il a les deux rôles alternativement, celui de produire, en tant que salarié, et de consommer sa production selon ses besoins. Ce sont ces besoins qui créent l'entreprise et déterminent l'emploi. C'est donc l'employé qui crée son propre emploi, l'entreprise n'est que la conséquence et non l'origine du travail.

Pour éviter tout professionnalisme les sessions seraient courtes et peu fréquentes, ce qui donnerait la possibilité à tout membre de la société civile de se présenter et siéger sans perturber sa situation en cours. J'indiquerai en détail la façon dont j'ai conçu son système électoral et son fonctionnement.

Le rôle de l'Assemblée référendaire consisterait à superviser celui des institutions actuelles. Notamment dans des cas où les décisions prises s'avèreraient inopportunes, inefficaces ou même dangereuses, cette Assemblée aurait un pouvoir abrogatoire et un droit de veto sur les lois votées par l'Assemblée nationale. La répartition des pouvoirs prônée par les philosophes des Lumières avant le Révolution reste la base, mais sans les systèmes de vote qui l'ont pervertie avec le temps en mettant en place un système oligarchique. Le système électoral actuel quasi censitaire établi et encouragé finalement par des moyens financiers importants serait supprimé. Je crois qu'il est souhaitable de revenir à un contrôle permanent de la politique par les citoyens, qui, ils l'ont prouvé souvent, ont la possibilité de prendre en main leur propre destin.

Ceux qui craignent les forces populaires sous prétexte qu'elles ne sont pas suffisamment expertes pour répondre à des questions importantes d'ordre social, politique, économique, ne comprennent pas le monde actuel. L'éducation des masses populaires est devenue un fait. Le vote sur le dernier référendum de 2005 a été l'occasion de débats citoyens, le plus souvent d'un niveau tel qu'on ne pouvait nier la maturité de la population. Il suffit d'étudier avec soin nos dernières constitutions, de comprendre le sens des articles et d'avoir des débats suffisamment longs pour bien analyser la situation. La nouvelle rédaction peut très bien se faire dans un langage courant, car rien n'oblige à utiliser un jargon juridique devenu abstrait à force de vouloir être concis. On peut se demander si ce n'était jusqu'à maintenant avec l'intention de rendre un peu hermétique, loin des « gens », une Constitution qui pouvait plus facilement s'imposer à des profanes. Si vous lisez la première Constitution de la 1ère république, vous constaterez que les 228 articles qui sont rédigés sont extrêmement clairs.

I.A   Effectivement, la montée du niveau d'instruction générale permettrait de réunir des députés « référents » issus de la société civile parfaitement compétents, sans formation politique particulière. La diffusion des connaissances, les informations propagées en permanence par la télévision et par Internet, entraînent des prises de conscience des citoyens quelles que soient les catégories auxquelles ils appartiennent. Le raisonnement, l'esprit critique, le bon sens sont les choses les mieux partagées au monde. Le niveau intellectuel des dirigeants, même issus de grandes Ecoles, ne garantissent rien de plus en ce qui concerne la bonne conduite des affaires qui demande des capacités d'analyse courantes. La plupart des citoyens, à partir de leur expérience, même sans connaissances livresques, sont capables d'apprécier où se trouve l'intérêt supérieur du pays.

L.P Dans l'Education Nationale les classes d'âge anciennes sont arrivées à un niveau suffisant pour que la population dans son ensemble, confrontée à son Histoire, à sa culture soit capable de développer l'esprit critique de chaque individu. Dans l'Assemblée référendaire, qui comme prévu ne siègerait que peu de temps, il y aurait la place pour des étudiants. Ils sont environ 2,5 millions, ce qui reviendrait à faire rentrer dans l'Assemblée référendaire environ 5 % d'entre eux, soit 50 qui voteront une journée, dans une Assemblée de 1000 députés référents représentant environ 40 millions d'électeurs.

I.A. D'où prenez-vous ces chiffres ?

L.P. Ils sont fournis par l'INSEE, disponibles sur Internet.

I.A J'ai bien noté que la parité homme femme sera de fait respectée, parce que les durées et fréquences des sessions étant faibles, cela ne perturbera pas leur vie familiale ou professionnelle à laquelle elles resteront attachés. L'autre avantage de ces courtes durées est que chaque député référent, gardant en permanence sa place dans la société, restera imprégné de la conscience populaire.

L.P Les candidats référents devront décliner leurs états de services, leur passé, le sérieux de leur engagement envers leurs concitoyens. Leurs projets leur passé civique devraient suffire à guider le choix des électeurs. Ils pourront être « labellisés » par des Associations reconnues pour leur engagement social, par des ONG et autres associations caritatives dont le dévouement et la solidarité envers leurs concitoyens ne peuvent être mis en doute. Sans que cette « labellisation » soit obligatoire, et sous réserve qu'elle ne soit pas systématiquement portée par tous les candidats, elle sera utile à ceux qui ne sont pas suffisamment connus dans la circonscription. Il s'agit simplement de faciliter le choix des électeurs, dans la mesure où le caractère civique du citoyen serait clarifié. Dans ces conditions, on refera confiance à des hommes neufs de « bonne volonté », qui ont pour eux ce bon sens qui est le mieux partagé (Voltaire). Comme a dit Daniel Carton « si les femmes étaient plus nombreuses en politique, sans doute y gagnerait-on en bon sens ».

Il est prévu que les députés en général, s'engagent et jurent de respecter une charte établie pour donner à leur vocation des obligations morales dont celle ne pas accepter le moindre contact avec des groupes privés et émissaires lobbyistes. En cas de parjure, une peine spéciale devra être appliquée par un tribunal exceptionnel dédié à ce type de faute.

Les députés issus directement de la société civile seraient dotés d'un statut particulier qui leur permettrait de retourner aussitôt après une session, à leur situation habituelle sans gêne professionnelle ni préjudice financier.

I.A Comment définir des catégories de la population ? Supposée varier dans le temps, la représentation des catégories sera-t-elle toujours en phase avec la population ? Sur quels critères est-elle établie? S'agirait-il également d'un modèle analogue au panel des instituts de sondage?

L.P Effectivement, la société française est très disparate. A titre d'exemple, on voit dans le tableau comparatif précédent qu'il y aurait 13,5% de fonctionnaires, alors qu'ils sont 50% dans l'Assemblée nationale. Il y a environ 39 % de cadres et chefs d'entreprises qui ne seraient plus que 9 % dans Assemblée référendaire On ne peut nier que ce soit parmi ces groupes professionnels qu'on pourrait trouver des députés influençables, mais comment repérer en si peu de temps des professions aussi différentes, qui ne pourront pas se constituer en groupes à l'intérieur de l'Assemblée.

En revanche j'ai prévu des coefficients de « rattrapage » avec des indices de pondération pour des catégories sous représentées eu égard avec leurs importance dans la société, telles que les agriculteurs. Cette catégorie devrait être mieux représentée que par leur seule proportion dans la population.

I.A De quel ordre ?

L.P L'indice de pondération devra être traité par l'Assemblée constitutionnelle. Je pense, qu'au moins une trentaine d'entre eux devraient être élus, alors qu'ils ne sont que 8 actuellement. A contrario aucuns membres éminents de partis politiques ne devront y figurer. L'Assemblée Nationale référendaire ne serait composée que de citoyens élus pour 1 an. Peut-être renouvelables une seule fois.

Rôle et pouvoirs de l'assemblée référendaire

I.A Quels seraient les sujets qu'une telle Assemblée pourrait traiter ?

L.P L'Assemblée référendaire n'a pas que le rôle de contrôle. Elle fait également des propositions pour orienter la politique. Elle empiète donc sur les pouvoirs institués. Elle est là pour corriger les effets que le pays jugerait probablement néfastes s'il était consulté par référendum.

I.A J'ai compris que le rôle de l'Assemblée référendaire ne serait pas de gérer les affaires courantes, qui restent dévolues au système institutionnel traditionnel, mais bien de décider de réorientations quand cela s'avère nécessaires. Vous avez inscrit ces principes de destitution, d'alternance, d'abrogation, dans la nouvelle Constitution que vous proposez ?

L.P Oui pour les trois pouvoirs institués. Cette Assemblée, en quelque sorte un "Conseil supérieur du peuple", voterait des Résolutions de loi ou des abrogations. Elles seront rédigées par l'Assemblée Nationale actuelle qui utiliserait ainsi ses compétences techniques et ses études en commissions. Au besoin celles-ci seraient doublées Elles seraient soumises à l'Assemblée Nationale pour être formalisées comme une loi classique. Elle sera rectifiée si nécessaire après navette.

I.A Ces Résolutions auraient force de loi pour que l'Assemblée nationale puisse les formuler et les faire voter. De toute façon ces résolutions sont toujours votées en séances plénières et largement débattues. Une résolution est claire et simple. Elle ne peut passer inaperçue comme un amendement en séance nocturne. Elle ne peut subir le poids des groupes d'intérêt, qui seront « noyées » dans les catégories socioprofessionnelles des « sans profession » des retraités des citoyens « sans activité » et autres catégories de l'Assemblée référendaire. Dans tous les cas une commission spécialisée serait chargée d'enquêter sur des manœuvres éventuelles émanent des groupes d'intérêt. On peut imaginer toutes sortes de solutions à ces problèmes qui n'ont pas pu être traités à cause du poids des corporations, des lobbies, et autres groupes de pression indirectement présents dans les

145

Assemblées nationales ou au gouvernement, qui occupent le terrain depuis longtemps.

La nouvelle Assemblée référendaire a un droit de regard sur toutes les lois qui sont votées par l'Assemblée nationale. Elle peut soit les abroger soit les amender en dernier ressort, jouant ainsi en quelque sorte le rôle du Sénat, mais avec les pouvoirs et la légitimité qu'il n'a pas.

La saisine d'une Résolution de loi pourrait venir à la suite d'un très grand nombre de signatures de pétitions ou suite à la demande de certains organes officiels, tels que le Conseil Constitutionnel, ou même le gouvernement. Le bureau de l'Assemblée nationale devra soumettre également au bureau de l'Assemblée référendaire tout projet de loi avant sa discussion.

I.A Ce n'est plus seulement la séparation des pouvoirs qu'il faut instituer mais leur poids respectifs dans le système politique.

L.P Ainsi quels que soient les alliances et compromis plus ou moins tacites lors des élections législatives reproduites par l'Assemblée nationale, les lois votées pourront toujours être retoquées par l'Assemblée référendaire.

L.P. Je suis persuadé que le NON au TCE est un signe précurseur à des bouleversements populaires. C'était un mélange de votes protestataires dont les motivations et les origines bien que disparates, ont résisté à des manipulations trop flagrantes. Lors du TCE, s'il n'y avait pas eu un énorme battage médiatique en faveur du OUI,- ce qui s'appelle aussi propagande -, le résultat n'aurait-il pas nettement dépassé les 55% ? Comme cela a eu l'effet contraire de renforcer la soumission aux règles européennes, les frustrations ont augmenté. L'alter mondialisme, propagé à travers Internet à l'occasion du référendum sur le Traité Constitutionnel Européen, reste encore cantonné dans les réseaux sociaux. Ce nouveau média est devenu un fer de lance, un outil possible du 4e pouvoir citoyen et devrait finir par se fédérer.

C'est une des raisons pour lesquelles j'ai pensé qu'il fallait cette fois graver dans le marbre constitutionnel, un système électoral, favorisant moins les grands partis politiques.

L.P La participation populaire a été usurpée dès le début par le vote censitaire réservant les pouvoirs aux castes issues des classes supérieures, dites éduquées. Le prétexte que le peuple n'avait pas atteint la maturité suffisante pour diriger le pays sans ces représentants qualifiés subsiste encore implicitement. Si le vote censitaire a été supprimé à partir de la III e République, le droit de vote des femmes n'a été accordé seulement qu'en 1945

I.A. On pourrait ainsi, améliorer les conditions de vie d'un pays, et répondre en même temps à une situation générale, qui dans une économie mondialisée, entraîne des mesures, que même certains économistes traditionnels estiment indispensables pour le fonctionnement de l'Econome. Etant donné que les députés de l'Assemblée référendaire sont issus des classes populaires et moyennes, ne seraient-ils pas considérés comme ayant des moyens intellectuels insuffisants pour gérer le pays ?

L.P J'ai déjà dit que le bon sens populaire est la qualité suffisante pour faire des choix pertinents. Comptez aussi sur la présence probable d'étudiants en nombre. J'insiste sur le fait qu'il ne s'agit pas de gérer le pays, mais de contrôler la façon donc les pouvoirs institués le font sous la tutelle du gouvernement. Si l'on se réfère à la composition de l'Assemblée nationale actuelle, les députés sont choisis pour leur appartenance à un parti. Ils ne sont pas en majorité ni des intellectuels ni des spécialistes juridiques. Ce qui les oblige à des investigations auprès de spécialistes entendus en commissions. Il en serait de même avec l'Assemblée référendaire.

C.P. Comment vous pouvez imaginer que ce projet d'une Assemblée référendaire puisse un jour être adopté ? Les « gens » ne s'intéressent pas à la Constitution. Ils ne savent pas à quoi elle sert.

L.P. C'est pourquoi j'ai séparé l'option de l'Assemblée référendaire dans la Constitution nouvelle que je propose. L'Assemblée référendaire est une vision d'avenir. Il y a un travail pédagogique à faire auparavant.

CONSTITUANTE

I.A Comment pensez-vous faire ? Vous avez prévu une Assemblée constituante préalable ?

L.P Il faudra évidemment créer une Constituante pour compléter ou modifier la Constitution que j'ai écrite qui n'est qu'une proposition. Elle pourrait recevoir d'autres propositions qui proviendraient d'autres constituants. Le choix de nouvelles Constitutions devra évidemment être soumis à un référendum national.

I.A Il y a déjà des groupes qui se sont formés pour un 6 e République. Par une sorte de compensation au délitement généralisé de la société, il existe depuis quelques années des résurgences citoyennes si l'on compte le nombre de sites sur internet et de réseaux sociaux qui se réclament des principes républicains pour exiger la renaissance du pays. Ce sont des associations qui se situent souvent hors des partis politiques.

L.P Dans la première constitution de 1791, la morale républicaine, celle de la Déclaration des droits de l'homme et du citoyen, a repris en grande partie les principes de la morale chrétienne. Les gardiens de cette morale établie sur ces principes existentiels au moment de la Révolution française, étaient les citoyens eux-mêmes. Principes qui ont toujours été repris tels quels dans toutes les constitutions qui ont suivi.

I.A Si l'on est optimiste, on peut espérer que l'exception Française des aides au cinéma, et celui du blocage des prix sur le livre, rendent possible un retour à notre culture spécifiquement républicaine, l'exception française. Cette exception s'est faite en prenant des mesures économiques. Ce qui tendrait à prouver que l'Economique n'est pas séparable de la démocratie.

L.P Il faut continuer dans ce sens, accepter ce qui est valable des valeurs d'autres pays démocratiques, rejeter ce qui sous couvert de libre circulation des biens, des services, des personnes, des capitaux, profitent en premier lieu aux grands groupes et aux financiers internationaux. Ce n'est pas tomber dans un nationalisme égoïste ou dans un souverainisme sourcilleux, mais résister à l'agression permanente d'un libéralisme uniquement préoccupé de rentabilité.

I.A Mais on n'a pas trouvé mieux.

L.P Il faudrait précariser les premiers votes, législatifs ou même quelques fois électoraux de façon à les confirmer en votant une deuxième fois après un certain délai.

I.A Ce qui se fait pour les scrutins de liste à deux tours.

L.P Dans ce cas le deuxième tour est éliminatoire, donc non démocratique puisque des représentants ne parviennent pas au pouvoir. Il faut un scrutin totalement proportionnel, le deuxième tour n'étant plus nécessaire. Sauf si les premiers ne sont séparés que très faiblement. Le quota de séparation doit être significatif. Pour le vote législatif, pour les sujets très importants, instaurer également un quota minimum d'écart entre les premiers résultats. Ou encore un vote à une majorité qualifiée minimum requise comme les 3/5 e dans certains cas précisés dans la constitution.

I.A Certains, dans l'opposition, et même parmi la majorité, comme la commission Balladur l'a préconisé, un scrutin de liste mixte comportant une majorité liée au parti vainqueur des élections, et une certaine dose de proportionnalité.

L.P Là encore la représentativité est insuffisante. Dans la Constitution de 1793 : Titre III art 1, on lit. « La

Souveraineté est une, indivisible, inaliénable et imprescriptible. Elle appartient à la Nation ; aucune section du peuple, ni aucun individu, ne peut s'en attribuer l'exercice ». Il y a eu depuis la 4 e République, 15 révisions constitutionnelles avant la dernière du 21 Juillet. Rien n'est établi sur le système électoral à adopter. Nos trois premières constitutions ont été écrites de 1791 à 1795 par une vingtaine de conventionnels, dont l'abbé Sieyès qui exprimaient en bon français les revendications principales des révolutionnaires. La Constitution de 1995 a été rédigée par Napoléon lui-même, pour lui-même. Le système électoral a évolué constamment pour essayer d'être en harmonie avec les caractéristiques de la population.

I.A Tout le monde pourrait écrire une constitution ? Normalement une Constitution ne devrait donner que les grandes lignes des droits et devoirs de chacun.

L.P C'est justement l'erreur. Personne n'a édicté pareille règle. Pour une raison pratique, il est impossible certes de tout dire dans une Constitution : trop longue elle serait encore plus illisible. Voyez le TCE et même le traité de Lisbonne qui le remplace, a plus de 300 pages. L'assemblée législative actuelle fait voter quelques centaines de lois dans une seule session ! Mais il est parfois utile de confirmer que certaines dispositions ont une importance primordiale. A titre anecdotique, dans la constitution de 1795, on note en détail (article 126) qu'une loi qui vient d'être votée par le Conseil des anciens doit être portée par 4 messagers précédés de 2 huissiers ! Il s'agissait de répondre à un besoin symbolique fort, admis comme indispensable pour l'époque. Il en est de même à notre époque, où il faut régler avec précision certains aspects de notre façon de vivre en société. L'objectif final de la nouvelle Constitution est celui de replacer l'homme face au pouvoir des oligarques, les « Lumières » face au nouvel obscurantisme dit libéral, face à la toute-puissance de l'argent, à la primauté du matérialisme comme la plupart des pays anglo-saxons. Il faut graver les articles détaillés « dans le marbre », pour leur donner symboliquement une valeur dans le temps. Remarquez, que ce qu'on peut considérer comme la première de toutes les constitutions, les tables de la Loi, était en pierre !

I.A. Mauvais exemple car ce qui est écrit n'est justement pas beaucoup appliqué. Ne serait-ce que le "tu ne tueras pas.

L.P. Certes. Mais on ne peut espérer que les lois, surtout religieuses, soient toutes systématiquement respectées. On dit que gouverner c'est prévoir. Ce qui n'empêche pas les erreurs. Prendre des risques, c'est la responsabilité des chefs. Mais ils peuvent se tromper. Il faut des dirigeants représentatifs de la société en qui on a confiance, mais contrôlés par le citoyen. Réécrire une constitution dans ce sens est mon objectif. Il n'est pas indispensable d'être constitutionnaliste. Celle que j'ai écrite est évidemment amendable. J'estime important de donner une explication sur les objectifs de chaque article. Je considère, que c'est la moindre des choses que la population puisse comprendre ce qui guide la nation dans la vie quotidienne comme sur le long terme, déclinés par les grands principes républicains.

I.A On peut se poser la question pour quelle raison la constitution gaullienne a été écrite de façon aussi abstraite, comme si ceux qui l'on écrite voulaient la rendre confidentielle.

L.P. L'Assemblée référendaire, au contraire devrait être limpide. Elle formerait une sorte de syndicat France, comme l'avait proposé Proudhon en son temps, pour la classe ouvrière. Cette fois elle serait entièrement citoyenne représentant au plus près, l'ensemble de la société.

Promouvoir la nouvelle Constitution

L.P. A lire les nombreux diagnostics des politologues sur l'état actuel de notre société, à voir l'apparition de nombreux échanges sur les réseaux sociaux, dont les associations, « Pour une constituante », « Mouvement pour la 6e république, « ou « Roosevelt 2015 », la nécessité d'une profonde alternance politique apparait de façon de plus en plus pressante. Dans un premier temps, c'est logiquement sur Internet qu'une nouvelle constitution pourrait se faire connaître.

I.A Sur Internet, tout semble possible, mais l'opinion de ceux qui s'expriment sur les forums reste dispersée et éphémère. Les sites permettent à chacun de s'exprimer, de se défouler même, mais souvent en combats d'arrière-garde, incantatoires, qui donnent bonne conscience à celui qui voit ses écrits apparaître sur un forum, mais sans débouchés dans la réalité sinon occasionnels. Tout reste virtuel. Les pétitions sont nombreuses, mais sans lendemain. Il n'y a pas de règles pour canaliser et rassembler les réseaux d'opposants en groupes de pression structurés. Servant de relais à une opinion éphémère, porte-parole d'une démocratie participative, mais sans non plus de débouchés tant que la politique reste le pré carré gardé par les grands partis politiques, les propositions alternatives ne peuvent servir que d'alibi au pouvoir en place. Seuls les sondages peuvent éventuellement les guider ou les inquiéter. On peut toutefois penser que les forces d'opposition, regroupées dans la perspective d'un monde meilleur, mieux structurées finiront par voir le jour.

L.P Donc cette conscience populaire dont l'expression n'est visible qu'à de rares occasions, dans les manifestations de rue par exemple, peut rester longtemps souterraine sur Internet. Il faudrait pouvoir instituer un modèle fédérateur.

I.A La démocratie sera effective quand le pouvoir appartiendra souverainement au peuple dûment représenté. Quant à l'Assemblée référendaire, elle concerne essentiellement l'avenir. Malgré l'intérêt qu'elle peut représenter, il faudra un certain temps pour, sauf accident, qu'elle ait une chance de faire progresser la démocratie.

L.P Ce à quoi de nombreux auteurs font allusion. Pierre Rosanvallon, Yves Saintomer qui considèrent la démocratie participative, entièrement citoyenne, comme la future étape vers la démocratisation totale, mais n'entrevoient pas comment l'instituer, sinon avec le tirage au sort. Mais comme je l'ai dit c'est une impasse, un sophisme étonnant de la part d'auteurs de valeur, qui n'ont comme excuse de se tromper que le désespoir qu'ils ressentent plus que d'autres.

I.A Ensuite ?

L.P. Il faudra effectivement relayer ces actions par des réunions publiques comme le font nos présidentiables jusqu'à ce que les médias achèvent leur travail. Les pressions médiatisées, et la « rue », feront le reste.

I.A C'est une véritable révolution. Utopique, non ?

L.P. Plutôt qu'utopique je préfère le qualificatif de d'avant-gardiste, donc progressiste. En effet, je suis un utopiste réaliste. Je ne peux imaginer que le système de l'Assemblée référendaire puisse être réalisé dans l'immédiat. Le système actuel a beau montrer ses imperfections, la prédation économique du capitalisme triomphe encore. Une Assemblée référendaire, bien que logique, a peu de chances de voir le jour dans un futur proche. Un changement profond de constitution, sans aller jusqu'à là, n'est pas encore programmé, bien que des débats aient lieu, tel que récemment des discussions sur le sujet, aient lieu à l'initiative de Claude Bartolone le Président de l'Assemblée nationale. Malgré tout si l'on fait abstraction des articles qui sont spécialement consacrés à l'Assemblée référendaire, la nouvelle constitution que je propose comporte des profonds changements que j'estime de toute façon nécessaires à la République dans l'immédiat.

I.A. Vous pensez diffuser et faire accepter cette nouvelle Constitution dans le temps qu'il a fallu pour que les idées du 17 e siècle émergent à la fin du 18 e siècle ?

L.P. Il est moins difficile de faire passer des idées de cette nature à notre époque. On ne peut pas la comparer avec celle où l'imprimerie était le seul moyen de communication, où peu de gens savaient lire. Actuellement une information peut faire le tour du monde en quelques minutes. Si le moment est venu, les citoyens internautes qui apprécient cette nouvelle Constitution, s'ils sont convaincus de la nécessité de ce profond changement, seront à même de propager l'idée. Ils pourront peut-être réunir leurs concitoyens dans leurs communes, aidés par les petits partis pour une éventuelle diffusion au niveau national.

I.A. Il suffira alors de lancer des pétitions au niveau national. Et peut-être que quelques personnes très médiatisées, artistes, journalistes, ou politiques s'empareront du sujet pour le faire leurs. Ou alors vous comptez sur un incident pour mettre le feu aux poudres ?

I.A. Les auteurs des Constitutions que vous avez cités pensent qu'il suffit effectivement de redonner des couleurs au pouvoir législatif en modifiant la Constitution actuelle. D'autres estiment qu'il ne faut rien changer car, de toute façon, on interprète la Constitution dans un sens parfois très différent de ce que pourtant est écrit. Ils disent qu'une Constitution est inutile, que les U.S.A ne l'ont pas changé depuis qu'elle existe, que la Grande-Bretagne n'en as pas.

L.P. La Constitution américaine a beau être la même officiellement depuis 1787, elle a subi des nombreux amendements. Il ne serait pas inutile d'ailleurs que le fameux amendement concernant le droit des citoyens de se défendre avec des armes puisse être modifié. Quant à la Grande-Bretagne, la Constitution n'est pas écrite, mais il s'agit d'une île où les lois coutumières sont transmises de génération en génération en quasi autarcie. C'est l'exception qui confirme la règle. Pays conservateur et pragmatique s'il en est, avec un bipartisme très ancré dans des mœurs anglo-saxonnes qui ne nous correspondent pas.

I.A. C'est au peuple et à lui seul de décider. Tant pis disent certains si ce dernier se trompe dans le choix de ses représentants. La première Assemblée nationale, la Convention en 1789, n'était élue que pour deux ans, ce qui avait au moins l'avantage d'éviter les effets pervers de l'électoralisme, et permettait de déléguer des hommes qui étaient encore immergés dans la population.

I.A. Vous pensez également qu'il faudrait réduire l'influence des partis politiques ?

L.P Disons plutôt en limiter les déviances. On sait qu'à force d'être dans un milieu qui devient un microcosme, ils peuvent perdre de vue certaines réalités. Toutefois on ne peut nier, comme on l'a dit, que les partis traduisent une façon de voir des classes sociales qui les élisent. Ils sont dénigrés, car leurs difficultés quand ils sont au pouvoir, les rendent responsables des mauvais résultats, de leur incapacité à concrétiser leurs promesses. Nous sommes justement en plein dans cette situation à cause de la mondialisation d'un système néolibéral qui s'est installé insidieusement depuis des décennies.

I.A. Cela rejoint ce que certains disent sur le « déficit » démocratique ?

L.P. Il me semble plus juste de parler de déficit républicain que le système constitutionnel démocratique ne parvient pas à combler. Parmi les pertes des valeurs de base, celles qui pour nous, sont issues de 1789, la liberté représente aux yeux de tous ce qui incarne le plus la démocratie. Comme je l'ai dit, paradoxalement c'est au nom de celle-ci, liberté d'entreprendre, et d'échanger, que, laissant le libre cours aux marchés, les autres valeurs républicaines, Egalité, Fraternité se perdent. Grâce à l'ouverture des frontières, le libéralisme s'est engagé naturellement sur la voie de l'ultralibéralisme. Il se dirige pour le moment, vers sa propre perte. C'est souvent le cas quand l'équilibre des forces qui fait fonctionner un système est rompu. La libre entreprise et ses grandes entreprises de plus en plus nombreuses ont engendré une économie capitaliste financière excessive avec les contradictions dénoncées en son temps par Marx... et par Keynes.

I.A. En quoi une nouvelle Constitution peut changer cet état de fait ?

L.P. Ce sont les moyens politiques qui manquent. L'Economie, au service du Capital, domine. Pour la contrôler, il faut une volonté citoyenne, qui soit indiscutable. Qui peut dire que derrière l'attrait du pouvoir il n'y a jamais celui de l'argent. C'est un combat majeur, de l'homme, contre le matérialisme libéral qui engrange les inégalités et la perte des valeurs morales qui en sont la conséquence. Le dogme libéral, par soi-disant réalisme, estime que seul l'intérêt individuel dicte ses lois et en les additionnant tous, permettrait d'atteindre l'intérêt général. Les nourritures terrestres suffiraient aux nourritures célestes. Qui peut croire qu'on aurait alors la solidarité, la justice et les autres valeurs morales qui distinguent l'homme de l'animal ?

I.A En quoi une nouvelle Constitution pourrait s'y opposer ?

L.P Une nouvelle constitution pourrait réorienter l'économie qui broie les classes sociales les moins favorisées. Je crois que le seul fait de revenir à une 6 e république avec une nouvelle constitution remaniée comme on l'a vu, pourrait changer les choses. Faire bouger les lignes, comme on l'attend depuis longtemps. En reprenant la main sur le monétarisme, c'est-à-dire en contrôlant les banques, s'il le faut en nationalisant certaines. L'objectif étant alors d'inverser le sens actuel en remettant le keynésianisme en vigueur, ce qui était le cas pendant les trente glorieuses.

I.A Il préconisait la dépense budgétaire qui conduit à l'inflation.

L.P Elle peut être modérée si la croissance l'est. C'est la seule solution pour que les citoyens, c'est-à-dire la République reprenne la main. Ce basculement ne pourrait être mis en œuvre que par des citoyens conscients et organisés qui en auraient le pouvoir. Favoriser le travail ou les banques, ce choix appartient aux citoyens. Même si les chances sont faibles, elles existent encore, surtout en période de crise.

L.P. La France a été le pays des « Lumières ». Elle a instauré dans sa constitution la Déclaration des droits de l'homme et du citoyen. La Charte du Conseil nationale de la Résistance l'a complété. Ce projet a pour objectif de prolonger constitutionnellement ces grands principes qui conditionnent la vie humaine en société. Sous réserve que la maturité politique des autres populations soit du même ordre, rien n'empêche que ce système fasse des émules. Malgré parait-il les bonnes intentions de ceux qui estimaient que fonder une marché commun serait la meilleure façon de réaliser une paix éternelle entre les pays européens, je pense qu'il y a certainement d'autres moyens qui, seraient susceptibles de contrôler la machine qui nous enfonce dans un monde brutal avec les risques écologiques connus. Mais pour réussir à passer le mur de l'argent, pour avoir les moyens de s'attaquer aux multinationales dangereuses parce que trop puissantes, pour supprimer ou même diminuer les paradis fiscaux qui achèvent les inégalités, qui produisent également des dégâts sociaux, plus lents mais aussi violents que ceux d'une guerre, il faut rassembler toutes les bonnes volontés et les bonnes idées. Il faut que des citoyens aient le courage de les combattre, et pour cela qu'ils s'appuient sur l'ensemble de la population.

I.A. Ne craignez-vous pas d'être rangé dans le clan des souverainistes donc dans l'extrême droite.

L.P. Je ne m'en préoccupe pas. Je suis patriote sans excès, républicain donc souverainiste, sans excès par nécessité de sauvegarde des valeurs qui nous ont été transmises parfois difficilement, non pour revenir à des ambitions hégémoniques ou franchouillardes dépassées. Je suis avant tout progressiste, mais sans productivisme, donc politiquement difficile à définir. Je ne souscris pas à tous les thèmes nationalistes. Pourquoi ne pas inverser la proposition ? Je peux dire que ce sont eux, les ultra-nationalistes qui empruntent des idées républicaines, que j'ai eues bien avant eux, bien avant qu'elles soient reprises par certains partis politiques.

I.A Vous seriez plus proches des gaullistes ?

L.P Si on supprime le côté autoritaire, pour ne garder que le patriotisme, mais avec modération pour éviter le nationalisme outrancier, peut-être. Si l'on ajoute mon souci de justice à l'égalitarisme économique on devine que je suis du côté de l'humanisme. Ce qui nous ramène à la démocratie réelle.

I.A C'est la troisième voie, la plus difficile à suivre.

L.P C'est pourquoi je pense la léguer aux jeunes générations.

ANNEXE

Doléances :

René Rémond dans : La politique n'est plus ce qu'elle était (1992)

« Si les citoyens ne se reconnaissent plus en ceux qu'ils sont censés avoir choisis pour les représenter et auxquels ils ont pour un temps délégué l'exercice de la souveraineté, la dissociation est mortelle pour la cohésion du corps social et la santé de la démocratie »

Julliard dans : La faute aux élites (1997)

« double divorce : entre le peuple et les élites d'une part ; entre le peuple et le progrès d'autre part »

« les partis n'aident plus à l'expression de la souveraineté »

« le Parlement est un fossile de la représentativité »

« il faut associer le peuple à la délibération »

« Nous voilà en proie à deux chancres rivaux qui se nourrissent l'un de l'autre : l'élitisme, c'est-à-dire la Démocratie sans le peuple, et le populisme, c'est-à-dire le peuple sans la démocratie »

Dans : Les 577 de Paul Quilès et Ivan Levaï (2001)

« il faudrait retoucher profondément la Constitution »

Citation de F.Mitterrand : « La Constitution était dangereuse avant moi elle le redeviendra après moi »

Dans : Comment sortir du libéralisme d'Alain Touraine

« L'histoire de France des deux dernières décennies est avant tout celle de la décomposition de son système politique. »

Dans : Vive la 6e République d'Olivier Duhamel (2002)

« La Ve est morte. L'élection directe du Président de la République est porteuse de vices et de dangers. »

« s'il faut toujours donner une majorité parlementaire au Président, autant supprimer l'élection des députés et les faire coopter par l'hôte de l'Elysée »

Dans : Le Monde des 5/6 mai 2002

par Gérard Courtois

« la représentation nationale est réduite à un théâtre d'ombres »

par Marc Sadoun,

« contrat de confiance entre gouvernants et gouvernés à restaurer »

dans « la France qui tombe » de Nicolas Baverez (2003)

« la légitimité passe par une réforme des Institutions et de la loi électorale » et

dans : Un nouveau régime politique pour la France de Jack Lang(2004)

« sauf révolution ou crise brutale, le système parlementaire est impensable ni une sérieuse limitation des prérogatives présidentielles »

Cette liste est loin d'être exhaustive. On pourrait se référer à de nombreuses interventions plus récentes dans les médias, journaux, radios etc.

Modèles de listes du système électoral d'une Assemblée référendaire

Il s'agira d'un scrutin de listes. Les députés devront présenter une sorte de C.V. montrant, non seulement leur état civil, mais aussi leurs antécédents leurs engagements en faveur de LA SOCIÉTÉ, seul ou dans le contexte d'Associations. Aucune promesse électorale à caractère politique ne saurait être admise. Seuls pourrait être pris en compte leur civisme et leur dévouement à leurs concitoyens

Exemple de fiche de candidat

CATÉGORIE : (x   )
Mme, Mlle ou Me X.
Age
Situation familiale
Niveau d'Etudes
Profession (s'il y a lieu) avec ou sans travail actuel
Réalisations et engagements pour la société (non politiques, non religieux,)
Ambitions
Capacités et centres d'intérêt (facultatif)

Inscriptions sur des listes rassemblant les hommes et femmes dans une catégorie.

Chaque circonscription se voit allouer le nombre de listes correspondant aux nombres de catégories retenues. Chaque liste comporte au moins le nombre de candidats alloués en proportion des habitants inscrits sur les listes électorales. Sans toutefois dépasser un certain pourcentage qui alourdirait trop le nombre de candidats de chaque liste. Dans le cas d'un dépassement, il faudra que certains noms soient rayés par l'électeur. Pour faciliter l'usage de ce système électoral, il pourra être présenté par la suite sur Internet.

Les candidats ayant reçu un nombre de voix suffisant, prédéterminé jusqu'au quota prévu dans chacune des catégories, sont élus. Si le nombre de voix dépasse ce minimum, le surplus de voix de la liste peut se reporter automatiquement sur le même type de liste dans la ou les circonscriptions voisines au cas où des candidats n'obtiendraient pas le nombre requis dans la liste, ceci dans l'ordre des candidats les mieux placés.

Le système électoral proposé est une innovation dans une consultation nationale, dans la mesure où il s'agit d'un scrutin de liste, majoritaire à un tour, mais ne conduisant qu'à la désignation préférentielle de députés, alors que leur nombre final est fixé, en proportion fidèle à la population socioprofessionnelle à la catégorie à laquelle elle appartient. C'est donc un choix qualitatif indépendant des résultats quantitatifs comme ce type de scrutin y conduit généralement.

Récapitulatif de la représentativité d'une Assemblée référendaire

9 catégories socioprofessionnelles principales

Il y a environ 43 millions d'inscrits d'électeurs potentiels. On pourrait ajouter 3 millions de personnes en âge de voter, non-inscrits dont un certain nombre d'étrangers à définir selon la durée de leur arrivée et séjour en France. On accepterait peut-être alors700.000 étrangers parmi ceux-ci.

Les chiffres suivants sont donnés à titre indicatif sur 43 millions d'adultes en âge de voter.

Exploitants agricoles : 600.000, soit 1,5%
Artisans, commerçants, chefs d'entreprise :
1.200.000, soit 3%
Profession libérales : 280.000 soit 0,7%
Fonctionnaires et assimilés 4.100.000 soit 9,5%
Employés 7.400.000 soit 18,1 %
Ouvriers 7.061.000 soit 16 %

Retraités 10.634.000 soit 23 %
Sans profession 11.200.000 soit 25 %
Etudiants (+ 18 ans) 1.300.000 soit 3,2%

Ces chiffres tirés de l'INSEE de 2013 sont données à titre indicatif.

Si l'on se base sur une Assemblée de 1000 députés, il y aurait :

Exploitants agricoles :	15
Artisans, commerçants, chefs d'entreprise :	30
Profession libérales :	7
Fonctionnaires et assimilés	95
Employés	181
Ouvriers	160
Retraités	230
Sans profession	250
Etudiants	32

Total	1.000

(Hors étrangers)

En ce qui concerne ce découpage, il faut prévoir par exemple des circonscriptions d'environ 1 million d'habitants répartis en 10 ou 12 circonscriptions pour Paris/Île-de-France, plus 6 villes les plus importantes et 22 régions traditionnelles, de façon à ne pas submerger le choix des électeurs par des listes comportant un trop grand nombre de candidats. Soit au total 38 à 40 circonscriptions. Par exemple les candidats ouvriers et employés réunis en une seule catégorie, seront attribués aux 20 agglomérations les plus importantes. Paris/Ile-de-France, devra présenter 12 listes différentes, soit 120 noms de candidats.

Catégorie, exploitants agricoles : les 10 agglomérations les plus importantes comprenant les grandes villes, n'auraient à élire chacune que seulement 1 représentant agricole, les autres circonscriptions géographiquement situées en dehors de celles-ci éliront les 14 députés restants. L'objectif dans le cas des exploitants agricoles est de canaliser au mieux les listes dans des lieux géographiques où ils auraient le plus de chance d'habiter et d'être connus.

Les étrangers, si cette catégorie est adoptée par la Convention, soit 17 seront représentés par 2 ou trois candidats, par liste, sachant que de toute façon, leur nombre final devra atteindre le résultat prévu. Chaque liste de noms pourra dépasser le nombre requis, mais au maximum de 10 % pour ne pas trop la charger. Les autres catégories seront réparties par 2 ou par 3 candidats, de façon plus ou moins uniforme.

Ce découpage peut paraître arbitraire, mais rappelons que le choix est qualitatif, relativement aléatoire dans la distribution. Le nombre final de députés étant fixé à l'avance, il importe peu que tous les exploitants agricoles, par exemple, votent en masse pour leurs collègues : ils ne seront que 15 de toute façon à siéger. (Voir plus bas les correctifs possibles)

Chaque candidat devra recevoir un minimum de voix des votants calculé à partir du nombre de votants de sa circonscription et du pourcentage de la catégorie qu'il représente Si nécessaire, il recevra un apport supplémentaire de voix de la circonscription voisine dans la même catégorie à condition que dans celles-ci le minimum de voix par candidat requis soit dépassé, ceci de proche en proche jusqu'à ce que le nombre total de députés soit atteint au niveau national.

En résumé, nous aurons 8 à 9 catégories de listes, dont les 3 les plus chargées seront réparties en suffisamment de circonscriptions pour diminuer le nombre de candidats par liste.

Il sera nécessaire de laisser le temps à chaque électeur de choisir chez lui, quelques semaines à l'avance, les noms à rayer s'il le juge nécessaire. Le vote sur Internet faciliterait les choses en permettant de juger à loisirs chaque candidature.

Par ailleurs, les associations et groupements dûment autorisés qui auraient à labelliser les candidats au cas où les candidatures indépendantes seraient en nombre insuffisant pourront préparer ouvertement des listes. Ces associations devront dans tous les cas être totalement apolitiques de façon à éviter toute récupération. Elles auront un caractère social et caritatif, excluant toute idée de nationalisme excessif.

On donne ainsi pour la première fois un rôle reconnu correspondant à leurs actions. Certains ont toujours regretté que ce qui fait fonctionner la France profonde n'ait pas d'influence sur le politique. Que leurs moyens soient insuffisants et que les hommes et femmes de bonne volonté* qui composent ce type d'associations aient rarement la récompense qu'ils méritent. En revanche, si on attribue à ces associations le droit de donner un label à un candidat, il faut que cela soit limité en nombre.

Il ne faut pas que des groupements plus ou moins tacites favorisent des tendances catégorielles particulières. Ainsi une appartenance syndicale donnée ne devrait pas être surreprésentée. Par exemple, dans la catégorie exploitants agricoles, les membres de la Confédération paysanne pourront labelliser un ou deux candidats, autant que ceux des autres groupements d'exploitants agricoles. Rappelons qu'il ne s'agit pas d'élire des députés classiques pour défendre les intérêts d'une catégorie socioprofessionnelle plus qu'une autre, mais les intérêts nationaux en priorité.

Dans tous les cas, la parité homme-femme devrait être respectée au plus près. La Constituante, pourrait décider de pondérer légèrement le nombre de candidats d'une catégorie pour des motifs évidents. Ainsi elle pourra décider que la catégorie Exploitants agricoles, défavorisée en nombre, mais ayant une fonction nationale évidente, puisse recevoir un nombre de députés proportionnellement plus important que leur nombre réel de leur présence dans la population

La constituante devra régler la manière dont la campagne électorale devra être menée.

La Constitution proposée par la Constituante peut décider à l'opposé de ce qui précède de ne pas retenir les mêmes catégories pour le suffrage universel. Les listes ainsi constituées seraient soumises à l'électorat de chaque circonscription dont le nombre n'a plus rien d'aléatoire. La

Constituante pourrait envisager de retenir le système catégoriel à certaines circonscriptions seulement selon le style des habitants, tels que les régions à vocation agricole essentiellement, où ne figureraient pas en revanche certaines catégories telles que les ouvriers.

En exergue

« *les décisions politiques, dans une société démocratique, n'incombent pas aux experts mais aux usagers, au corps des citoyens...* » « ***professionnalisme et démocratie étaient tenus pour fondamentalement contradictoires.*** *(dans la* « *Démocratie athénienne* »)

(Takis Fotopoulos)

" *il faut avoir vécu dans cet isoloir qu'on appelle une Assemblée nationale pour concevoir comment les hommes qui ignorent le plus complètement l'état d'un pays sont presque toujours ceux qui le représentent (les confessions d'un révolutionnaire 1849*

J.Proudhon

CORRESPONDANCE

Le changement constitutionnel concernant l'Assemblée référendaire devrait redonner à la République les valeurs républicaines et laïques qui se sont insidieusement perdues depuis des décennies, en faveur du libéralisme, du néolibéralisme, de l'ultralibéralisme, du turbo-libéralisme comme on peut l'appeler, qui écrase les plus faibles.

La révolution violente n'est évidemment pas souhaitée. Il reste que ce qui est proposé est une révolution fondamentale des institutions. Cette idée consiste à redonner la main en permanence au peuple souverain. Nos responsables politiques de droite ou gauche, malgré parfois leur bonne volonté, et quelques avancées n'ont pas pu ou su maintenir une véritable cohésion sociale. Ceci à cause essentiellement du système constitutionnel instauré par de Gaulle pour lui-même. Système qui, censé donner plus de pouvoir et de stabilité aux gouvernements, a finalement bloqué notre société au point qu'on ne peut plus envisager de la faire évoluer que grâce à la Rue, ou un coup d'Etat.

Louis PERETZ

A P.

Le 16 février 2006

Cher camarade

As-tu lu le livre dont je t'ai parlé ? Qu'en penses-tu ? Si les idées te semblent intéressantes, je suis disposé, comme je te l'ai proposé de venir région pour faire une conférence ou pour les exposer lors d'une réunion publique qui rassemblerait les associations et citoyens autour du sujet.

Y a-t-il déjà un organisme local sur lequel s'appuyer ?

Peut-être à bientôt,

De Louis PERETZ à

Monsieur M.L. 33035 Bordeaux Cedex

le 26 octobre 2006

Cher M. L.,

Je suis d'accord sur la plupart des points que tu soulèves Notamment sur la nécessité de redonner la parole au peuple souverain....

D'autre part, une instance composée de quelques individus, dont l'impartialité n'est jamais garantie est source d'injustice ou même d'erreur. Elue par la majorité de l'Assemble nationale, après compromis ? … Excuses-moi de ma franchise, mais, pourquoi, afin d'éviter de rester dans l'incantation, ne pas créer une Constituante avec quelques amis qui ont des idées très proches ?

Cordialement,

 Citoyen Louis Peretz,

De M.L à

Louis Peretz

Ta proposition a toute ma sympathie. Souviens-toi des nationalisations de 1982, par exemple. Quant à la composition de l'aréopage, je dirai que le compromis sur les personnes n'est pas de même nature que le compromis sur les idées. Le second est mortifère pour la politique, là où le premier conduit à désigner des personnalités les plus impartiales et neutres possibles (au risque de ne pas pouvoir déboucher sur un accord). Il me semble important que le parti arrivé en tête ait la majorité des sièges à l'assemblée, faute de quoi on retourne à l'empire du compromis que je dénonce dans mon bouquin. Cela ne signifie pas pour autant que les minorités ne servent à rien : elles peuvent jouer un rôle substantiel dans la définition de l'ordre du jour, proposer des lois, influer sur leur vote (s'il est facile de former des partis, la discipline en leur sein est plus lâche : aussi la formation majoritaire n'imposera-t-elle pas ses vues), monter des commissions d'enquête, alerter l'opinion publique... Enfin, je préfère que la tête de l'exécutif soit élue directement par le peuple plutôt que par l'entremise d'un Parlement ou tirage au sort.

Cher Michaël L.

Je suis d'accord avec toi sur : « mettre à l'index l'identité profonde de nos règles politique » « le recours au référendum perçu comme un plébiscite... »

...A toute fins utiles je te joins déjà ma critique sur celle de Montebourg-François. Amicalement

Louis Peretz

A Citoyen L.

Sur ton livre « Si Jean Marie...

Page1 ; Entièrement d'accord, notamment quand tu dis que le tirage au sort ne doit pas être généralisé.

Page 2 : tu insistes sur le référendum d'initiative populaire. Le RIC ou RIP, on en parle de nouveau depuis quelque temps. On en a parlé lors des élections présidentielles de 2002, et c'est, sauf erreur, Christian Blanc qui l'a évoqué.

Déjà à cette époque on ressentait une frustration, celle de ne pas pouvoir s'exprimer sur les grands enjeux de l'époque. Profitant de sa notoriété, il est devenu député. ? Montebourg et sa 6e République aussi.

Page 6 : entièrement d'accord sur le fait que seul le peuple peut, par référendum changer lui-même la constitution. Sinon c'est un abus de pouvoir.

Page 8 : d'accord pour décompter le vote blanc, et surtout d'accord pour recommencer un vote dont le quorum ne serait pas suffisant.

D'accord pour un vote citoyen étendu à des étrangers, sous réserve qu'ils s'engagent à devenir français, en répondant à certains critères, étant entendu que leur présence en France soit suffisamment longue.

Quant à la représentativité, même à la proportionnelle elle sera loin d'être fidèle à la population, même si le mandat unique du député éloigne les professionnels de la politique, même si un statut lui donne des garanties.

Pour ce qui est de l'initiative des lois, je reste attaché bien qu'en modifiant le droit à l'ordre du jour, on peut améliorer les choses, au système parlementaire. On peut concevoir facilement la récupération qui serait faite par des clans ou partis peu représentés au Parlement. … Donc évitons de passer du populaire au populisme.

Page 10 : O.K. mais dubitatif pour ce qui est des lobbies. Mais le système corrosif des influences ne disparaîtra pas même si ils sont déclarés. Et surtout 100% d'accord avec toi, sur la suppression de l'élection du Président de la République au suffrage universel direct.   On le voit d'ailleurs avec la mascarade actuelle ultra médiatisée de ce type d'élection. ...Ou alors, allons au bout de la logique, on supprime le Premier ministre, comme le voudrait par exemple Lang ou récemment Corinne Lepage. Un ou une César !

Page 14. Gros différent : Le mandat impératif a de fortes chances de faire passer des intérêts particuliers avant l'intérêt national que le député est censé préférer quand il est en Assemblée nationale...

Absolument d'accord en revanche sur la nécessité de la rotation rapide des élus.

Page 15. Toujours d'accord sur le non-cumul. Toutefois, je ne fais pas d'illusions sur le statut du député. On aura toujours un déséquilibre de la représentation nationale en faveur des fonctionnaires.

Page 15. O.K les dépenses de campagne sont un scandale, non seulement sur l'importance des fonds engagés, mais aussi sur la façon de les rembourser. La volonté de de Gaulle, et surtout de Mitterrand d'engager la France dans le bipartisme est flagrante.

Page 17 : Totalement d'accord pour donner des pouvoirs coercitifs à la Cour des comptes, mais concernant les journalistes, je crois que tu es sévère. : il en existe de très honnêtes, mais il est vrai qu'ils n'occupent pas toujours le devant de la scène. Le problème des médias est important et il faudra probablement qu'ils s'engagent à respecter une charte

Pages 21-22 En conclusion il me semble qu'on pourra prochainement commencer à rédiger une constitution (une ou deux versions) qui changeraient enfin la politique économique et sociale en France. ...De même, un Conseil de la communication chargé de la surveillance de l'audio-visuel est instauré, mais dont les pouvoirs et interventions restent flous. Par ailleurs je viens de terminer la lecture du « Contre-démocratie » de Pierre Rosanvallon, qui me confirme que nous sommes dans la bonne direction. Amicalement, Citoyen Peretz

De M. à Louis

Désolé pour le temps mis à répondre à ton premier mail. ...

Cela est écrit en toutes lettres chez Montesquieu, Platon, Cicéron, Polybe et tous les pères fondateurs démocrates (je pense en particulier à ceux des États-Unis). Si l'on ajoute à cela que le projet de Lepage laisse la porte ouverte à des possibilités de cohabitation, qui frappent d'impuissance le politique, on ne peut que le rejeter avec vigueur !

… Si tu veux lire un bon historien, lis plutôt Maurice Agulhon (difficilement trouvable de nos jours).

Je te dis à tout vite,

Amicalement,

15-01-07

De Cécile, à tous

Attention, tous ces gens sont très intelligents, pleins de bon sens ....mais je serais toujours mille fois d'accord avec Castoriadis lorsqu'il nous disait que c'est épuisant d'être libre. Ils renoncent tout simplement.

Concernant l'article 40. Surtout ne soit pas embarrassé Louis, rédigez-le tel que vous le souhaitez.... conscientisé son engagement, qui est socialisé au sein de l'espace militant et donc initié.....Pourquoi alors ne pas laisser toute la place aux non politisés?

Mais dans tous les cas, l'essentiel est qu'il y ait quand même une majorité de non encartés, de simples petits citoyens qui n'auraient pas une seule seconde imaginé un jour prendre part aux affaires politiques de son pays. Je crois en eux, en nous...

Amicalement

Cécile

De Cécile

Bonjour tout le monde....

J'ai pris connaissance de votre incroyable travail.....Bravo! Diantre, que cette assemblée nationale référendaire est enthousiasmante!!!Il faut encore être en mesure de m'intégrer à votre réflexion sans vous ralentir.

Alès, le mardi 12 janvier 2016

De Daniel B.

Préambule: Le court texte ci-dessous a été déclenché par le texte que je viens de recevoir de Louis à l'adresse de Cécile; texte que j'ai apprécié.

Le vote serait-il définitivement le seul moyen de gérer les sociétés humaines ?

En votant nous pouvons nous tromper. C'est tellement vrai qu'en fait c'est la règle: quand ? En observant l'histoire, un homme libre, responsable et honnête, peut-il être satisfait de son vote dans une élection ? C'est pourtant une nécessité pour l'homme d'exercer des choix, la vie ne nous impose-t-elle pas d'en faire en permanence, à chaque décision ?

... les hommes politiquement avisés, autrement dit ceux qui exercent un mandat électif, ont consciemment ou non, peur de la démocratie dont ils se gargarisent. Le pouvoir du peuple, par le peuple, pour le peuple, peut-on y croire aujourd'hui ? Quand l'on observe les carrières politiques de plusieurs décennies !

Les uns à droite, et peut-être à gauche, croient au culte de la personnalité: l'Homme providentiel

Les autres à gauche, et peut-être à droite, se retranchent derrière la notion de démocratie représentative.

Représentative dans les apparences seulement !!

Enfin pour conclure provisoirement, je crois, pour n'accabler personne en particulier, que les hommes sont tous sensiblement les mêmes, et ce qui conditionne leur comportement est, plus que leur propre volonté, l'environnement dans lequel ils sont emportés par les tentations

Daniel B.

20/01/07

De Daniel

Le vote aussi connaît ses perversions. J'ai lu dans les courriels une référence à la démocratie athénienne. Il était possible alors de "faire" de l'ostracisme. Chaque citoyen, en droit de voter, écrivait sur un ostracon (tesson de poterie, coquillage) le nom de celui qu'il faudrait bannir de la cité (bannissement de 10 ans sans perte des droits et des biens).

Problème pour ceux qui ne savaient pas écrire. Ils laissaient à un tiers le soin de choisir pour eux. Difficile d'imaginer qu'il n'y eut jamais de déviance. La triche électorale ne date pas d'aujourd'hui.

C'est Cécile qui nous rappelle : /"Que c'est épuisant d'être libre"/.

Plus près de nous, au temps de la République d'Arles (XIII e si je crois), les arlésiens confiaient le pouvoir à des "podestats" (étrangers venus du dehors). Les citoyens leur remettaient, librement, la défense de leurs intérêts. Mais pour un an seulement. Si au bout d'un an "l'employé du peuple" avait donné satisfaction, on lui renouvelait son mandat pour une année supplémentaire. Mais il ne restait pas en place plus de deux ans (voir art. 40 de notre Constitution). Si, en revanche, il n'avait pas été à la hauteur de la confiance qu'on lui avait témoignée, on lui donnait deux heures pour déguerpir. Il devait faire vite.

Il y a une procédure du contrôle à asseoir.

Les tenants du libéralisme pur et dur, adversaires acharnés de l'intervention de l'Etat, parlent avec mépris de "l'Etat providence", dénient le service public et mettent à toutes les sauces leur construction idéologique liberticide.

Le service public restauré, c'est le retour de la citoyenneté. On ne fonde pas de la citoyenneté sur de l'inutilité sociale.

Je soumets donc à votre sagacité de compléter l'article 9 : "sujets soumis à référendum".

*"Service Public"

*- le Bien collectif ne peut pas être vendu sans en avoir référé au peuple. Chaque cession du Bien collectif, parcellaire ou en totalité doit être soumis à référendum (à mettre en forme) -

Nous savons, nous, ce que parler veut taire. La vérité assénée par les professionnels de la politique et leurs affidés n'est pas la vérité.

Elle permet toutefois, si l'on veut bien s'en donner la peine, de faire apparaître le mensonge ; faisons en sorte que ce ne soit pas trop tard.

Je termine en citant Alexandre Vialatte pour une espérance: " Heureusement pour la société, les vocations sont mystérieuses (sans quoi tout le monde serait bédouin de plage touristique). Elles se laissent modifier, gauchir, sublimer par on ne sait quel levain que secrète l'âme humaine ".

Très cordialement

Daniel

De Louis à Yvan B. :

Sur les principes de la Constitution

Toute constitution est effectivement structurée pour donner les règles générales du « vivre ensemble » d'une Nation …

Ce sont effectivement des juristes qui jusqu'à maintenant ont rédigé les constitutions et leurs modifications, en se conformant à la volonté des politiques au pouvoir. Ceci dans la mesure où ces politiques ont toujours considéré que la population n'avait pas le niveau suffisant, ni la conscience politique pour le faire, qu'ils étaient donc seuls capables d'agir dans l'intérêt général.

Je crois que nous serons d'accords sur les points 1-2. Mais sur le point 3, on sait que le système du vote démocratique a toujours laissé la place à des élites « aristocratiques ». Celles-ci ont tendance à profiter de leur situation pour biaiser l'intérêt général en leur faveur, en faveur de leur classe politique. Il faut donc pouvoir retrouver l'intérêt général en introduisant des articles suffisamment précis pour qu'une interprétation du texte puisse rétablir la situation.

Les articles concernant la laïcité sont un exemple de ce qui me paraît souhaitable. Les pressions communautaristes existent. Il ne faut guère compter sur les politiques pour compléter la loi sur le voile. Ce cas illustre parfaitement la nécessité d'inclure dans la constitution des textes plus détaillés qui sans ça pourront toujours être remis en cause ou contournés.

Sur le principe de ne pas entrer dans les détails, je suis au contraire partisan, de justement ne pas faire ce qui a été la règle jusqu'à maintenant et qui nous a mené à la situation catastrophique actuelle. En effet une constitution qui reste abstraite laisse la place aux interprétations, notamment sur le système électoral. Le « fait majoritaire » comme le dit Montebourg (attention je ne suis pas un fan de sa constitution) nous a conduit à la non-représentativité exécrable de nos Parlements depuis toujours. Les lois organiques qui elles entrent dans le détail sont évidemment faites en tenant compte des intérêts de l'aristocratie qui nous gouverne. Si tu lis les articles concernant l'Assemblée référendaire, tu comprendras qu'il est indispensable d'inscrire dans la Constitution le système électoral, jamais encore institué, qui permet d'obtenir une composition totalement représentative de la population.

Louis

A bientôt, Citoyen Louis

Bonjour Philippe,

Sur le fond, tu sais que je suis d'accord pour continuer à supprimer toutes aides et subventions même indirectes à tous les organismes cultuels. Je pensais qu'il existait encore des cas où des subventions étaient accordées aux organismes religieux. C'est pourquoi j'ai voulu y mettre des conditions. Ces conditions consistent à pouvoir s'opposer aux décisions des municipalités, tu type cantine, subvention scolaire pour la proximité, statues, musulmanes dans les hôpitaux, etc. que tu connais bien.

Louis

Comité Valmy

….Car cette élection présidentielle est un jeu pipé d'avance qu'il ne faut pas cautionner. Il ne s'agit donc pas de trouver un candidat à jeter dans un nœud de vipères, mais de chercher collectivement la meilleure manière de donner un sens politique au Non. Le temps n'est plus aux petits accommodements avec le système dominant, mais à la construction d'une rupture avec lui qui soit cohérente, consistante et responsable.

Le 29 mai 2005 n'a pas vu, en effet, s'exprimer un vote ordinaire. Ce jour-là, les électeurs ont montré qu'ils sont prêts à se mobiliser pour répondre à de vrais enjeux politiques. Ils ont affirmé « *nous sommes le peuple et nous exprimons notre volonté* ». C'est cette volonté et elle seule qu'il faut réaffirmer désormais aussi bien pour la détermination de la politique nationale que pour une construction européenne qui respecte le droit des peuples à disposer d'eux-mêmes.

Une nouvelle fois dans notre histoire, le Tiers-État n'est rien et doit redevenir tout. Le 29 mai a ouvert un espace politique qui redonne force et vigueur au suffrage universel.

Face aux conséquences sociales dramatiques des politiques menées depuis des décennies, devant leur caractère destructeur de la société, seule une réappropriation collective de l'idéal démocratique peut permettre de reconstruire la légitimité du pouvoir politique.
Jean-Pierre ALLIOT, *Journaliste*, André BELLON, *Ancien Président de la Commission des Affaires Etrangères de l'Assemblée Nationale*, Michel BOUCHAUD, *Enseignant*, Anne CÉROBÉ, *Enseignante*, Jérémy MERCIER, *Étudiant*, Jack PROULT, *Militant associatif*

A Mme I. (sur le forum de Marianne)
Mme I., la démocratie c'est le vote dis-tu. Soit, mais ce n'est qu'un outil, plus ou moins bien utilisé. Disons que c'est un des plus cotés, mais le vote majoritaire le pollue. Il ne faudrait l'utiliser que si le résultat est proche de l'unanimité. Que vaut un vote où seulement de 51% des votants l'emportent ou si l'abstention est importante ? . Le vote est essentiel dans la mesure où c'est le moment idéal où la République se manifeste, où la communauté se rencontre. C'est le choix qui suit qui remet en cause cette unité. On a une sorte de paradoxe, la République est unie jusqu'au moment où l'on dépose le bulletin dans l'urne qui, lui, peut faire le contraire selon les résultats. Le vote devient un choix qualitatif, de confiance personnalisée, de responsabilité partagée. Donc on évite la division démocratique, tout en permettant de confirmer l'union républicaine. Evidemment ce système était impossible du temps de Rousseau ou Montesquieu. C'est possible grâce à l'INSEE. Sans revenir à Athènes, on peut dire comme à

Rome, « in medio stat virtus ». Tu vois j'ai répondu. Tu n'es plus la seule folle.

Citoyen Louis Peretz

Contribution sur un blog républicain

DE LA DIFFICULTÉ POUR UN PARTI POLITIQUE D'ÊTRE DÉMOCRATIQUE : le PS. se targue de pouvoir ouvertement donner la place aux différents courants qui l'animent. En particulier l'usage du vote me semble contre-productif. Lors du TCE, le PS s'est déjà divisé en deux. Il ne s'en est pas encore remis si l'on sait que certains sont attirés par le collectif du 29mai. Les primaires pour la candidature à la présidentielle est également un piège dont il aura du mal à se sortir. En effet, le débat est une bonne chose, mais le vote qui montre du doigt des gagnants et des perdants introduit des rancœurs qui ne disparaîtront pas facilement. Quelle erreur des précédents Présidents depuis de Gaulle, persuadés d'être les meilleurs, quelle erreur d'avoir accepté un tel pouvoir, persuadé de conduire le pays un chemin qu'ils ont crû le plus approprié ! La France, qui est descendue du 4e rang au 6e rang qui perd sa cohésion républicaine, en paye le prix maintenant. Il faudra absolument revenir sur ce système pervers.

Citoyen Louis **le 15/01/2007 19:03**

Commentaires sur le site
http://www.citoyenreferent.fr

187

Bonjour,

C'est une magnifique idée ! *(Assemblée référendaire)* Je suis partant pour participer, bien sûr...J'ai mis le lien sur ma page facebook, et je le remettrai souvent.

Ici, samedi dernier au marché, je me suis inscrit à un groupe qui veut créer une dynamique locale. Il y a des réunions. L'idée de base est de faire bouger les lignes ... (jesuisunraleur.canalblog.com)

Posté par R. jane le 04/04/2008 15:33
Je suis surprise des pourcentages ! Décidément, après lecture, je constate qu'il y a à faire !
http:// www.jane-rosinski.com
Poster par P. Viviane le 16/05/2008 15:44
<u>Votre</u> site m'interpelle. Il s'agit de réfléchir sur la constitution d'une sixième république dont nous avons un besoin criant, je vous rejoins avec joie

Posté par Louis Peretz le 16/05/2008 16:14
Effectivement il s'agit de créer une autre République en changeant radicalement de constitution. Il nous semble que des groupes de réflexion et de constituants devront se former, en plus d'Internet, département par département.
Ici c'est Manosque.(Alpes de Hautes Provence)

Bonjour,

D'accord sur l'essai, en absence de tout parti politique, sur la redéfinition, le changement, le respect de la laïcité, le respect citoyen de la démocratie. Article 40, sur la durée du mandat référendaire, pourquoi un an renouvelable une fois et pas deux ans non renouvelable.vu le nombre possible de citoyens. D. Claude 62155 Merlimont

Posté par Louis Peretz le 18/05/2008 23:09

Effectivement la question peut se poser. Mais il nous a semblé qu'il fallait éviter tout risque de professionnalisation du mandat. Plus celui-ci est court moins il y a ce risque. Mais la proposition pourra être reprise par la suite et débattue en constituante dès que celle-ci sera formée.

Posté par U. le 24/05/2008 15:47

Suite à des discussions sur un forum, nous avons décidé de lancer un appel à tous les, bloggeurs, internautes intéressés par la question des institutions et de la modernisation de la démocratie, pour commenter les articles y faisant référence en inscrivant ce message.

"Moi, citoyen français, demande au Président de la République, au Parlement et au Gouvernement de prendre d'urgence l'initiative d'une modification de la Constitution imposant le référendum pour toute révision constitutionnelle, étant entendu que cette modification

devra   précéder   toutes   les   autres.
http://changerlarepublique.over-blog.com/

Posté par Julia A. le 30/06/2008 18:23
Y a plus qu'à !
Posté par Anny P. le 22/02/2009 16:31
Ceci est très intéressant. Je partage également ce qu'écrit U. et contribue, à ma petite mesure, à tenter de faire avancer les choses. Suis en Gironde. Existe-t-il des possibles dans ce coin?

Posté par Louis Peretz le 29/06/2009 19:21

Dans ce projet de changement constitutionnel, l'Assemblée nationale continue à être plus ou moins représentative de la population sans véritable modification. Le problème de la représentativité proportionnelle n'aurait plus la même importance dans la mesure où une Assemblée référendaire, elle, totalement représentative de la population, aurait la prééminence sur les trois autres pouvoirs. Sorte de cour suprême n'intervenant que de façon sporadique pour réorienter la politique dans le sens qui lui convient. Sa représentativité serait plus démocratique que celle issue des partis politiques : le nombre des députés, dans chaque catégorie socioprofessionnelle est connu a priori. Seul le choix de la personnalité est donné par l'élection.

Posté par L. Xavier le 03/10/2009 08:09

Je vois que des bonnes volontés se lèvent pour élever le flambeau poétique d'un monde à notre ressemblance... Alors j'y pose mon grain de sel, même si mon esprit se fait mal aux méandres du politique et de l'économique. Que voulez-vous, l'esprit papillon ne sait que butiner de fleur en fleur, mais il n'aime pas le couvercle étouffant que lui imposent les cuistres...

http://www.atelierdupoete.unblog.fr
Posté par Yves C. le 04/07/2010 14:31
Prêt à former un groupe local dans le sud 77 pour réfléchir à l'élaboration d'une nouvelle constitution. Toutes ces bonnes idées me motivent.
Posté par Viviane P. - Cotignac Var le 05/07/2010 19:58
...mais plus nous serons nombreux à proposer plus nous aurons de chances de nous faire entendre ou débattre.
http://resistance83.over-blog.fr
Posté par Sisyphe le 04/02/2011 09:14
Je me joins à vous, dans l'espoir d'une nouvelle constitution.
Soutien à votre Assemblée référendaire, ainsi qu'aux autres points évoqués ; pour le Président de la République, pour les référendums, etc...
En revanche, je me demande si la suppression du Sénat est une bonne chose ?
Sans doute faudrait-il que son mode électif soit différent, mais je pense au contraire qu'il faut s'en servir comme contre-pouvoir, et que l'existence de deux Chambres représentant les intérêts des citoyens est un gage de démocratie.
Il faudrait en parler ; sinon, soutien.

http://aidealecriturealainvernassa.blogspot.com/

Posté par Louis Peretz le 04/02/2011 11:13

Il est difficile de dire qu'il s'agit d'un contrepouvoir. Il n'a même pas le droit de veto. D'autre part, en présence d'une Assemblée nationale référendaire dont le pouvoir est suprême, l'Assemblée nationale surveillée par celle-ci, n'aurait pas besoin d'une autre surveillance. Enfin matériellement un des deux hémicycles devrait être libéré pour la nouvelle Assemblée.

Posté par Viviane P. le 04/02/2011 11:25

Je viens de terminer de lire le programme élaboré par le parti de gauche, et Mélenchon, c'est hyper intéressant ! Je suis aussi pour la création d'une assemblée constituante afin de poser les bases de la nouvelle constitution.
http://resistance83.fr

Posté par Magdalena le 15/12/2011 13:01

J'espère qu'il ne s'agit pas d'une assemblée infiltrée par les ambassadeurs en communication de partis politiques. Oui il faut réinventer nos moyens de défense car nous avons face à nous de nouvelles armes culturelles, économiques, etc.

Posté par Zeb le 08/09/2012 13:31

Bonjour, je trouve l'initiative très bonne. Nous allons, malgré tout, devoir passer par une grande phase de réflexion... qui nous donnera en plus le temps de sensibiliser plus de monde. Car quelle que soit l'action, pour que son impact soit réel et franc, il faut du monde ! Je suis ouvert à des réunions citoyennes.

Depuis Toulon

Posté par Mikhail N. le 14/02/2015 11:04

Bonjour à tous
C'est l'heure de la mobilisation, je me propose d'être un agent de diffusion au sein de ma commune (SENS), voire de mon département (l'YONNE), à cet effet, nous devons absolument:
1- diffuser l'information
2- rassembler les gens
J'attends de vos nouvelles.
Citoyen engagé pour l'avenir de ses enfants et de la France

Posté par TONIN le 13/07/2013 08:05

Bonne idée que celle de favoriser et plébisciter les décisions du peuple.
Le peuple qui remplace nos parlementaires godillots, corrompus et serviles, c'est un des credo de ce mouvement.
En matière politico/économique, il y a également urgence si l'on s'en tient à ce que vient de dire Viviane R. devant notre assemblée nationale, je cite : " Il n'y a plus de

politique intérieure nationale. Il n'y a plus que des politiques européennes qui sont partagées dans des politiques communes". ça fait froid dans le dos !

http://www.democratie-demos.eu

Posté par B. le 26/05/2011 00:16

Je veux avoir la notification de ma citoyenneté

http://bidi1961

http://www.democratie-demos.eu

Posté par Lydie M. le 19/02/2015 14:17

Bonjour
J'habite Carpentras dans le Vaucluse. J'ai 48 ans, actuellement au chômage, en fin de droit après avoir eu une agence de communication et travaillé dans la presse locale.

Posté par T. Claude le 29/01/2010 15:48

Le développement de M. PERETZ est très bien, mais je vais plus en avant. Mon analyse est la suivante : les révolutionnaires ont supprimé le roi mais ont conservé le trône, supprimons-le et la vie politique sera plus paisible. La représentation du pays peut très bien être assurée par la Président de l'Assemblée élue à la proportionnelle et non à la chaussette. Cette désignera un chef de gouvernement, approuvera les nominations des ministres. Afin de légitimer l'ordre judiciaire, une élu de chaque Assemblée pourrait siéger au CSM ; de-même d'autres conseils sont à créer (éducation, santé, sécurité, etc.).

Posté par B. le 16/01/2011 03:18

Que d'efforts louables pour donner un semblant de pouvoir démocratique au peuple!
Mais Mr Peretz si j'en juge par le peu de réaction
sur votre blog, est-il envisageable que le citoyen lambda soit complètement déconnecté de votre réalité (et de la mienne)!!!!

6.Posté par M.David le 25/05/2008 15:05
Des referendums.
Incontestablement, le principe du referendum est bon (sauf quand il est perverti en plébiscite, cela arrive !), mais son application peut se révéler délicate et mal adaptée
Articles 11 à 14
Ces quatre articles posent le problème de la différence ou des décalages de plus en plus constatés entre des instances voisines, mais pas forcément superposables, de "Légitimité" et "Légalité", "compétence technique" et "expertise d'usage," plus généralement -et ce débat devient récurrent- entre "Démocratie représentative" et "Démocratie participative".
Il y a souvent plus de justesse et de pertinence dans la parole d'un citoyen "ordinaire" que dans l'élaboration d'un groupe d'experts techniques.

PROPOSITION DE CONSTITUTION

principaux articles

Les deux grands principes qui m'ont incité à établir une nouvelle Constitution sont :

1 - La loi des systèmes qui dit que lorsque celui-ci est dépassé, usé par le temps, ou parce que les effets pervers engendrés par tout système finissent par le détruire, il faut le changer radicalement. Confirmé par le constat que la plupart des politologues font, que les institutions en France fonctionnent mal, incitant à un changement fondamental, venu de l'extérieur.

2 - L'apparition historique de nouvelles techniques, en l'occurrence, celles de la communication : études statistiques, sondages.

Les nouveaux articles qui suivent, portent sur la suppression des pouvoirs du Président de la République (élu par le Parlement), la restauration de certains pouvoirs de l'Assemblée nationale, la possibilité pour le peuple de réviser lui-même sa Constitution : Référendum d'Initiative Citoyenne Nationale (RIC), et, si l'Assemblée nationale référendaire est instaurée, dûment représentative des citoyens, de contrôler, et maîtriser les investissements et subventions publiques, de réguler les médias.

Cette Assemblée nationale référendaire a presque les mêmes pouvoirs que confèrent les référendums, issus directement du peuple souverain. Grâce à des « résolutions » ayant force de loi, elle passe au-dessus des trois autres pouvoirs traditionnels issus des partis politiques.

Principaux articles

Articles sur la laïcité : instauration d'un organisme de surveillance de la laïcité Objectif : arrêter l'influence des organismes cultuels sur les organismes publics

articles 5 à 14 : institue les référendums d'initiative citoyennes au niveau local et national. Avec une innovation : possibilité d'un recours selon les résultats.

Objectif : permettre aux citoyens de contrôler l'action des collectivités locales et nationales.

articles 21 à 29 : supprime l'élection du Président de la république au suffrage universel direct. Mais maintient son élection par le Parlement. Supprime l'hypocrisie unique dans un pays moderne qui consiste à donner tous les pouvoirs de fait au Président, sans qu'il en ait la responsabilité Objectif : Maintenir le rôle d'arbitrage entre les pouvoirs et de gardien des valeurs républicaines que le Président de la République conserve tout en lui retirant tous les pouvoirs que lui conférait la Constitution de 1958 -62

articles 35 à 43 : instauration possible d'une Assemblée nationale référendaire qui institue pour la première fois un pouvoir suprême à la citoyenneté, avec corrélativement la suppression du Sénat.

Objectif donner le pouvoir quasi directement au peuple souverain, au-dessus des autres pouvoirs, en complément aux référendums, grâce au système des « résolutions » qui induisent des projets de loi

articles 44 à 45 : instituer grâce à une Commission des incitations, le contrôle et la prise en charge d'une partie des finances publiques

Objectif : mieux répartir l'argent public en faveur des investissements ciblés et supprimer les publiques incontrôlables telles que les subventions et aides aux entreprises privées.

article 47 : change fondamentalement les priorités de l'ordre du jour des dépôts de propositions et projets lois

Objectif, redonner une consistance et un rôle normal à l'Assemblée nationale qui retrouve des pouvoirs auparavant confisqués par l'exécutif

article 76 : supprime l'obligation de se soumettre inconditionnellement à la force des traités.

Objectif : retrouver sa souveraineté et un minimum d'indépendance de la France dans sa conduite de ses affaires dans l'Europe.

article 109 : modifie l'article 89 de la Constitution de 1958 sur la révision. Avec l'article fondamental issu du référendum d'initiative citoyenne de niveau national.

Objectif : donner le droit au peuple souverain suffisamment adulte pour pouvoir modifier lui-même sa constitution.

article 110 : Instauration d'un organisme de surveillance des médias

Objectif : mettre fin aux dérives, des chaînes publiques qui influencent l'opinion publique et éviter les pressions des propriétaires de presse sur les rédactions.

Le principe de la République est : gouvernement du peuple, par le peuple et pour le peuple. (art. 2) La souveraineté nationale appartient au peuple qui l'exerce par ses représentants et par la	articles commentés de (o) pour : article de la constitution originale de 1958

voie du référendum. Aucune section du peuple ni aucun individu ne peut s'en attribuer l'exercice. (art.3) *(Constitution de 1958, ayant conservé ces deux articles fondamentaux depuis la première Constitution)*	

Préambule	
Le peuple français proclame solennellement son attachement aux Droits de l'homme et aux principes de la souveraineté nationale tels qu'ils ont été définis par la Déclaration de 1789, confirmée et complétée par le préambule de la Constitution de 1946 «, ainsi qu'aux droits et devoirs définis dans la Charte de l'environnement de 2004 »1. La présente constitution consacre les principes d'autorité qui organisent la société. Elle contribue à rendre indépendants les pouvoirs législatifs, judiciaires, exécutifs issus de cette organisation. Le peuple	*Suppression du paragraphe suivant de (O) qui instaure le droit des peuples d'outre-mer à leur indépendance, devenu sans objet : « En vertu de ces principes et de celui de la libre détermination des peuples, la République offre aux territoires d'outre-mer qui manifestent la volonté d'y adhérer des institutions nouvelles fondées sur l'idéal commun de liberté, d'égalité et de fraternité et conçues en vue de*

199

souverain garde prééminence en dernier ressort sur tout autre pouvoir institué.

Les difficultés inhérentes à la diversité des individus qui composent toute société humaine ne sont surmontées que si l'intérêt général prévaut, A cette fin le peuple souverain crée des organismes et règles lui permettant de trancher en sa faveur directement par voie de référendum ou indirectement par des organismes adaptés dûment représentatifs de la société,

leur évolution démocratique. »

article -1

La France est une république indivisible, laïque, démocratique et sociale. Elle assure l'égalité devant la loi de tous les citoyens sans distinction d'origine, de religion. Elle assure une stricte séparation des religions et des communautés et de l'Etat.

Les valeurs républicaines et laïques ne sont pas infirmées par le droit de chacun de pouvoir se consacrer à l'exercice de ses croyances et à son culte religieux, de pouvoir exprimer librement ses convictions philosophiques et spirituelles si elles ne contreviennent pas à l'ordre public.

Le prosélytisme et démarchages, en vue de rallier quiconque à des communautés spirituelles, de tenter d'imposer ses convictions religieuses et spirituelles, d'inciter quiconque, à pratiquer des rites et traditions contre son gré sont interdits.

L'aide des groupements spirituels à des personnes en difficulté matérielle ou morale est désintéressée et ne peut faire l'objet de publicité.

L'édification d'un monument

article 1 de (o)

Devrait permettre d'interdire le port du voile dans le domaine public.

Complète l'alinéa précédent et généralise son application

ou bâtiment destiné à une activité spirituelle ou cultuelle, ne peut entrer en concurrence significative avec d'autres bâtiments et monuments du même type ou tous autres monuments publics existants.

Un Haut Conseil de vigilance citoyenne composé uniquement de personnalités laïques acceptées par l'Assemblée nationale référendaire, est chargé de contrôler et faire respecter la discrétion de l'expression des organismes et communautés spirituelles et religieuses.

Aucun organisme, aucune communauté, aucune association d'obédience spirituelle ne peut influencer directement ou indirectement les organismes et services publics ou semi-publics dans leur fonctionnement et leur organisation,

Une loi, un décret, un arrêté qui conduiraient directement ou indirectement à renforcer l'influence d'une communauté ou organisme spirituel ou religieux sont nuls de plein droit. Une loi en établit les conditions.

TITRE PREMIER	

DE LA LAÏCITÉ REPUBLICAINE	

De la souveraineté	

article 2

«La langue de la République est le Français.»III

L'emblème national est le drapeau tricolore, bleu, blanc, rouge.

L'hymne national est La Marseillaise.

La devise de la République est «Liberté, Égalité, Fraternité».

Son principe est : gouvernement du peuple, par le peuple et pour le peuple.

article 3	- d°-
La souveraineté nationale appartient au peuple qui l'exerce par ses représentants et par la voie du référendum.	
Aucune section du peuple ni aucun individu ne peut s'en attribuer l'exercice.	
Le suffrage peut être direct ou indirect dans les conditions prévues	

par la Constitution. Il est toujours universel, égal et secret.

Sont électeurs, dans les conditions déterminées par la loi, tous les nationaux français majeurs des deux sexes, jouissant de leurs droits civils et politiques.

«La loi favorise l'égal accès des femmes et des hommes aux mandats électoraux et fonctions électives.»

article 4 Les partis et groupements politiques concourent à l'expression du suffrage. Ils se forment et exercent leur activité librement. Ils doivent respecter les principes de la souveraineté nationale et de la démocratie. Ils contribuent à la mise en œuvre du principe énoncé au dernier alinéa de l'article 3 dans les conditions déterminées par la loi.»2	- d°-

Des référendums	

article 5 *Un référendum national dont la fréquence, la mise en œuvre, est précisée par décret peut être initié directement par au moins 6% de la population inscrite sur les lois électorales.*	Sous la barre de 6% la fréquence des référendums risque d'être contre-productive.
article 6 La validité juridique et	

constitutionnelle des textes soumis au référendum est vérifiée par le Conseil Constitutionnel	
article 7 *Le minimum requis pour qu'un référendum national portant sur une révision constitutionnelle puisse être initié directement par la population, est de 10%*	Nouveauté absolue : le peuple peut ainsi directement modifier sa propre constitution. Le minimum de 10 % donne de l'importance à une demande de révision constitutionnelle. Une modification constitutionnelle dépend uniquement des instances officielles dans la constitution de O.
article 8 *Les textes soumis à référendum national sont auparavant débattus par le Parlement et diffusés dans le public selon l'article 43.*	Le débat est indispensable
article 9 *Si le résultat d'un référendum d'initiative nationale n'a pas atteint un quorum significatif, il est soumis à un deuxième vote pour être définitivement validé.*	Pour donner une légitimité au résultat
article 10 *Une ou plusieurs lois peuvent être abrogées*	

directement par une fraction de la population après référendum d'initiative nationale selon les articles 6-8 – 9 précédents.	
article 11 *Un référendum de niveau local peut être initié directement par une fraction d'au moins 6% de la population de la collectivité considérée, inscrite sur les listes électorales* *Un référendum de niveau local porte sur un sujet concernant les infrastructures, la répartition démographie locale, l'environnement.*	
article 12 *Le sujet de tout référendum initié localement devra être communiqué aux instances officielles responsables de la collectivité considérée, qui pourront soit l'interdire, soit l'amender de façon à ce que les décisions prises en cas d'acceptation du référendum ne puissent entrer en conflit avec les infrastructures, la répartition démographie locale, l'environnement paysagé des communes*	Une commune peut refuser par référendum l'installation d'une entreprise quelconque qui ne lui conviendrait pas pour une raison particulière. Ou au contraire en permettre l'installation à proximité de la commune voisine. Ceci dans son intérêt particulier au détriment de l'intérêt des communes voisines, etc. Intérêt particulier contre intérêt

avoisinantes, ni avec des dispositions prises au niveau national.	général. Il faut donc pouvoir trancher en faveur de ce dernier Il semble utile de préciser les domaines d'intervention des référendums d'initiative locale car il ne faudrait pas qu'ils entrent en totale compétition avec les instances classiques de Conseils municipaux
article 13 *Tout référendum d'initiative locale bien que validé, peut faire l'objet d'un deuxième vote pour son annulation ou la modification d'une partie de son texte, dans les mêmes conditions qui ont contribué à sa réalisation, dans les 3 mois qui suivent le premier vote.*	
article 14 *Les responsables locaux des collectivités locales considérées, devront apporter tous les éclaircissements nécessaires à la population concernée par la demande de référendum local. Un débat public préalable devra avoir lieu sur le sujet.*	

TITRE 2	

Le Président de la République	

article 15 Le Président de la République fait le serment de veiller au respect de la Constitution. Il assure, par son arbitrage, le fonctionnement régulier des pouvoirs publics ainsi que la continuité de l'État. Il est le garant de l'indépendance nationale, de l'intégrité du territoire «et du respect des traités.»	(reprise de l'art 5 de O)
article 16 *Le Président de la république est élu par la majorité des membres des Assemblées nationales réunies en congrès.*	articles 6-7-8-9-10-11-12 de (O) supprimés
article 17 La durée du mandat du Président de la République est fixée à 7 ans, non renouvelable. *Le Président de la République prête le serment devant l'Assemblée nationale de veiller au respect de la Charte des*	(proposition inspirée de M (Montebourg)

209

droits de l'Homme Le Président de la République rappelle à toutes occasions qu'il estime nécessaires les engagements de quiconque de respecter la Constitution. Il peut saisir le Conseil Constitutionnel, sur la validité d'une loi avant qu'il soit procédé à son vote.	
article 18 *La durée du mandat du Président de la République hormis cas d'incapacité physique ou décès, peut être interrompue dans les cas cités dans les articles 96- 97- 98- 99. Il sera alors pourvu à son remplacement dans les mêmes conditions d'élections que citées à l'article 16.*	
article 19 Le Président de la République prononce la dissolution de l'Assemblée nationale à la demande de l'Assemblée nationale référendaire selon l'article 40 *ou après l'avoir soumise au référendum national selon l'article 38. Un référendum d'initiative populaire peut également demander une dissolution directement.*	Le peuple n'était pas consulté dans les autres propositions de Constitutions C'était un pouvoir auparavant régalien du seul Président de la République ou du 1er ministre

article 20 *Le Président de la République peut assister aux réunions ministérielles sur demande du Premier ministre, et prendre part aux décisions qui y sont prises. Il peut faire passer des messages qui y seront lus publiquement devant les Assemblées nationales sans pouvoir intervenir dans les décisions qui y sont prises*	(remplace le N°9 de O) Même dans M (Montebourg) le Président de la République. reste le chef légitime car il préside le Conseil des ministres. Ici il ne se mêle pas à l'Exécutif dans la conduite des affaires
article 21 Le Président de la République nomme le Premier ministre sur proposition du parti politique majoritaire à l'Assemblée nationale et met fin à ses fonctions, à titre personnel après vote de défiance de l'Assemblée nationale selon les articles 73 -74 -75 – 76- 77	
article 22 Le Président de la République peut représenter la France dans toutes les réunions officielles et instances internationales auxquelles elle est conviée. Il peut prendre la parole en son nom sur demande expresse d'un membre du gouvernement qui y participe.	Met fin à l'exception française du bicéphalisme ridicule lors de manifestations internationales. Sa prestation est facultative et dépend du gouvernement. Plus de « domaine réservé »

article 24 Le Président de la République promulgue les lois dans les quinze jours qui suivent la transmission au Gouvernement de la loi définitivement adoptée. Il peut, avant l'expiration de ce délai, demander au Parlement une nouvelle délibération de la loi ou de certains de ses articles. Cette nouvelle délibération ne peut être refusée.	(reprise art 10 de O)

article 25 Le Président de la République préside les conseils et les comités de la défense nationale sur demande du 1er Ministre Le Président de la République nomme les chefs militaires aux grades supérieurs, et les officiers généraux sur propositions du ministre des armées,	Reprise partielle de l'art. 15 de (O) (articles 16 de O supprimé) (article 29 de N supprimé, la numérotation sera actualisée à la prochaine mise à jour. articles 16 de O supprimé)

article 26

Le Président de la République, sur proposition du Gouvernement pendant la durée des sessions ou sur proposition conjointe des deux Assemblées, publiées au Journal Officiel, peut soumettre au référendum tout projet de loi portant sur l'organisation des pouvoirs publics, sur des réformes relatives à la politique économique ou sociale de la nation et aux services publics qui y concourent, ou tendant à autoriser la ratification d'un traité qui, sans être contraire à la Constitution, aurait des incidences sur le fonctionnement des institutions.

Lorsque le référendum est organisé sur proposition du Gouvernement, celui-ci fait, devant chaque assemblée, une déclaration qui est suivie d'un débat.

Lorsque le référendum a conclu à l'adoption du projet de loi, le Président de la République promulgue la loi dans les quinze jours qui suivent la proclamation des résultats de la consultation.

(reprise de l'art 11 de O,

article 12 de (O) sur le droit de dissolution supprimé. Ce droit reste l'apanage de l'Assemblée référendaire.) Reste la possibilité de s'adresser directement à la nation

article 27 Le Président de la République préside les conseils et les comités de la défense nationale sur demande du 1er Ministre Le Président de la République nomme les chefs militaires aux grades supérieurs, et les officiers généraux sur propositions du ministre des armées,	Reprise partielle de l'art. 15 de (O) (articles 16 de O supprimé) (article 29 de N supprimé, la numérotation sera actualisée à la prochaine mise à jour. articles 16 de O supprimé)
article 28 Sur proposition du Premier ministre, le Président de la République nomme les conseillers d'État, le grand chancelier de la Légion d'honneur, les ambassadeurs et envoyés extraordinaires, les conseillers maîtres à la Cour des comptes, les préfets, «les représentants de l'Etat dans les collectivités d'outre-mer régies par l'article 105 et en Nouvelle-Calédonie»3, Les recteurs des académies, les directeurs des administrations centrales sont nommés en conseil des ministres. Une loi détermine les autres	Disparition du système clanique dévolu au Pt de la République, de nomination des emplois de direction d'organismes civils dans la fonction publique ou semi publique ; Suppression dans l'art 13 de (O) de la signature du Président de la République pour des ordonnances et décret pris en Conseil des ministres. Le Premier ministre se passe généralement du Président de la

emplois auxquels il est pourvu en conseil des ministres ainsi que les conditions dans lesquelles le pouvoir de nomination ou de relégation est exercé	République
article 29 *Les nominations aux emplois ou relégations des directeurs des organismes publics sont effectuées sur propositions de la majorité des*	

membres de l'organisme en question. *L'Assemblée nationale référendaire dispose d'un droit de veto sur les nominations notées à l'alinéa précédent.*	
article 30	(reprise de l'article

Le Président de la République accrédite les ambassadeurs et les envoyés extraordinaires auprès des puissances étrangères ; les ambassadeurs et les envoyés extraordinaires étrangers sont accrédités auprès de lui.	14 de O)
article 31 Les nominations aux emplois ou relégations des directeurs des organismes publics sont effectuées selon les textes de lois organiques votés par l'Assemblée nationale. L'Assemblée nationale référendaire dispose d'un droit de veto sur les nominations notées à l'alinéa précédent.	Champ libre laissé à l'Assemblée nationale pour les nominations aux emplois supérieurs, mais avec contrôle de l'Assemblée référendaire. Transparence des nominations

Le Parlement	

article 35 Le Parlement comprend l'Assemblée Nationale Référendaire et l'Assemblée nationale	

L'Assemblée Nationale	

Référendaire	
Préambule *Une Assemblée référendaire définie selon les articles 39 – 40-41 est instituée pour répondre à des problèmes fondamentaux. Elle remplace chaque fois que possible le référendum national. Elle émet des résolutions ayant force de loi destinées à faire accepter et à promouvoir des actions, et lois dans un consensus national direct opposable aux autres pouvoirs.*	Le rôle de l'Assemblée référendaire. N'est pas la gestion des affaires courantes. C'est essentiellement un recours suprême
article 36 *L'Assemblée nationale, avec ses compétences techniques, ses commissions spécialisées rédige les lois allant dans le sens des résolutions adoptées par l'Assemblée nationale référendaire. Ces lois reviennent à l'Assemblée référendaire pour y être entérinées, ou, représentées une fois supplémentaire à l'Assemblée nationale pour l'être de façon définitive. Elles obligent de la même façon que les lois adoptées directement par l'Assemblée nationale. En*	Affirmation du principe de la souveraineté absolue de l'l'Assemblée référendaire

cas de contradiction avec des lois émanant de l'Assemblée nationale elles ont prééminence sur ces dernières soit en l'abrogeant soit en la modifiant.	
article 37 *Au cas où l'Assemblée nationale ne répondrait pas à la résolution de l'Assemblée nationale référendaire, celle-ci rédige une loi sans avoir recours aux compétences des commissions spécialisées de l'Assemblée nationale*	
article 38 *En cas de deux refus successifs de la part de l'Assemblée nationale de rédiger une loi conforme à la résolution de l'Assemblée nationale référendaire, le Président de la république procède à l'instauration d'un référendum national portant sur l'acceptation ou non de la loi refusée, et prononce la dissolution automatiquement de l'Assemblée nationale si la loi est définitivement acceptée.*	article important déterminant l'absolue souveraineté de la volonté populaire.
article 39 *Une loi définit la composition de l'Assemblée*	Pour des raisons techniques le nombre de circonscriptions est

nationale référendaire proportionnellement à la composition socioprofessionnelle de la population. Il est déduit de cette composition la répartition en nombre de listes et en nombre de candidats par liste pour obtenir le chiffre requis par cette proportionnalité.

Le nombre des circonscriptions et leurs répartitions géographiques équitables est établi par une loi

automatiquement lié à la répartition géographique (ruralité par exemple) et en dimension démographique pour que les listes et la quantité de candidats ne soient pas trop nombreuses par circonscription.

---

article 40
L'Assemblée Nationale référendaire est composée de citoyens élus pour 1 an maximum renouvelable une seule fois.

Appartenant à la société civile, les candidats n'ont pas été membres d'un groupe ou Parti politique, à un poste important et ne pourront pas en constituer, ni se grouper d'aucune manière.

Un simple adhérent d'un parti politique peut avoir été membre d'un parti ou groupe politique mais en avoir démissionné depuis une durée

Evite la professionnalisation du député, et permet à celui-ci de rester dans en contact permanent avec son milieu social.

La faible durée des sessions permet à tout le monde de se présenter, femmes jeunes.

Possibilité, toutefois de restreindre ou d'interdire définitivement les militants de partis politiques selon la volonté de l'Assemblée *ne pouvant être inférieure à deux ans depuis l'entrée en vigueur de la présente constitution.*

L'Assemblée nationale référendaire, avant la fin de la deuxième année de son entrée en vigueur, peut reconduire l'effet des délais de carence visés à l'alinéa précédent, par une loi organique qui en prolonge les nouvelles échéances.

Un candidat à l'élection à l'Assemblée nationale référendaire ne peut faire état de son ancienne appartenance à un groupe ou parti politique.

Tout candidat à l'élection à l'Assemblée nationale référendaire s'engage à respecter une Charte du citoyen candidat.

En cas de manquement patent à son engagement visé à l'alinéa précédent, et à ses déclarations lors de sa candidature, un député peut se voir retirer son mandat. Les candidats font état de références personnelles suffisantes pour éclairer l'électeur dans ses choix.

référendaire,

L'élection est uniquement qualitative et préférentielle.

Les conditions inéligibilité et de remplacement d'un député référent, en dehors du cas cité au premier alinéa de l'article 40 sont déterminées par une loi organique équivalente à celles de la loi organique établie pour les députés de l'Assemblée nationale.	
Une loi organique fixe les indemnités des députés référents ainsi que les conditions de leur présence à chaque session, *Les conditions dans lesquelles sont élues les personnes appelées à remplacer, en cas de vacance du siège, ces députés jusqu'au renouvellement général de l'Assemblée nationale référendaire.*	
article 41 *En cas excès de candidats la préférence de députés référents est accordée aux premiers inscrits parmi la population des catégories socioprofessionnelles concernées*	
article 42	

L'Assemblée référendaire ne siège qu'une fois par trimestre. Elle est saisie par le Gouvernement, l'Assemblée nationale, et le Président de la République. En dehors des sessions, en cas d'urgence, elle peut s'autosaisir. Une loi organique définit les conditions de saisine et d'inscription à l'ordre du jour des sujets à débattre.	
article 43 *Les séances de l'Assemblée nationale référendaire sont publiques et intégralement transmises et retransmises par radio ou sur des chaînes de télévision publiques dédiées à cet usage, et disponibles à tout public.* *Au moins une séance par session est consacrée à une conférence de presse.*	

article 44 *Un Comité des incitations financières dont les membres issus de la cour des comptes sont choisis par l'Assemblée référendaire est institué et régi par une loi*	article important car il permet de définir des moyens financiers en dehors du budget général voté par l'Assemblée nationale

Le comité des incitations financières propose à l'Assemblée nationale, en exclusivité, un choix de subventions prioritaires à accorder à des organismes publics privés ou semi-publics, à inclure dans le budget général. *Le Comité des incitations financières étudie et propose des projets d'investissements publics à inclure dans un budget spécial voté par l'Assemblée référendaire* *Les ressources du budget spécial peuvent provenir en tout ou partie de taxes et impôts établis pour être spécialement affectés aux investissements votés par l'Assemblée nationale référendaire.* *Le comité des incitations financières contrôle régulièrement l'usage qui est fait des finances accordées à titre de subvention ou à titre d'investissement.*	

article 45 La commission des incitations citée à l'article précédent aidée	

par Cour des comptes détermine le montant, le renouvellement éventuel, et la conformité à l'intérêt général, à tous les niveaux locaux ou nationaux des aides et subventions accordées. Une loi organique établit des sanctions à appliquer en cas de manquements décelés par le comité des incitations financières.	article important évitant les abus et les pressions des lobbies, groupes de pression. Contrôle comparable aux tableaux de bords utilisés en entreprise

L'Assemblée nationale	
article 46 Une loi fixe la durée des pouvoirs de l'Assemblée nationale, le nombre de ses membres, leur indemnité, les conditions d'éligibilité et des incompatibilités. Elle fixe également les conditions dans lesquelles sont élues les personnes appelées à remplacer, en cas de vacance du siège, ces députés jusqu'au renouvellement de l'Assemblée nationale.	Reprise de l'article 25 de (O)

article 47	art 26 de (O)
Chaque député référent s'engage à respecter une Charte définissant ses droits et devoirs.	
Chaque député référent s'engage à faire abstraction des intérêts exclusifs de la catégorie à laquelle il appartient.	Alinéa rendu nécessaire par les conditions d'élection préférentielle et de la description de ses antécédents
Un député référent peut faire l'objet de poursuites et être destitué s'il est prouvé qu'il a fait état de fausses déclarations ou omissions qui auraient dû le rendre inéligible lors de son élection.	
Une loi établit les sanctions afférentes aux manquements des députés à leurs engagements	

article 48	art 27 de (O)
Tout mandat impératif est nul.	Par exemple dans la charte :
Le droit de vote des membres du Parlement est personnel.	Tout député référent évite tous contacts avec des personnes susceptibles d'orienter ses choix.
La loi organique peut autoriser exceptionnellement la délégation de vote. Dans ce cas, nul ne peut recevoir délégation de plus d'un mandat.	Il s'agit d'éviter les groupes de pression, bien qu'il soit peu probable qu'ils interviennent ailleurs que dans les cabinets ministériels.
article 49	art 28 de (O)
L'Assemblée nationale se réunit de plein droit en une session ordinaire qui commence le premier jour ouvrable d'octobre et prend fin le dernier jour ouvrable de juin	
L'Assemblée nationale référendaire se réunit de plein droit un jour de la première semaine de janvier en une session ordinaire décidé par le Président de ladite assemblée. Chaque session d'une durée de 10 jours se renouvelle par trimestre.	Durée initiale 120 jours, insuffisants

Le nombre de jours de séance que l'Assemblée nationale peut tenir au cours de la session ordinaire ne peut excéder cent cinquante. Les semaines de séance de l'Assemblée nationale sont fixées par elle.	
Le premier ministre, après consultation du Président de l'Assemblée nationale ou la majorité de celle-ci peut décider la tenue de jours supplémentaires de séance.	
Le Président de l'Assemblée nationale référendaire ou la majorité de celle-ci peut décider la tenue de jours supplémentaires de séance.	
Les jours et les horaires des séances sont déterminés par le règlement de chaque assemblée.	

	art 29 de (O)
article 50	

L'assemblée nationale est réunie en session extraordinaire à la demande du Premier ministre ou de la majorité des membres composant ladite assemblée, sur un ordre du jour déterminé. Lorsque la session extraordinaire est tenue à la demande des membres de l'Assemblée nationale, le décret de clôture intervient dès que le Parlement a épuisé l'ordre du jour pour lequel il a été convoqué et au plus tard douze jours à compter de sa réunion. Le Premier ministre peut seul demander une nouvelle session avant l'expiration du mois qui suit le décret de clôture.	
article 51 Hors les cas dans lesquels l'Assemblée nationale se réunit de plein droit, les sessions extraordinaires sont	art 30 de (O)

ouvertes et closes par décret du Président de la République.	
article 52 Les membres du Gouvernement ont accès aux deux assemblées. Ils sont entendus quand ils le demandent. Ils peuvent se faire assister par des commissaires du Gouvernement.	art 31 de (O)
article 53 Les présidents du Parlement sont élus pour la durée de la législature.	art 32 de (O)
article 54 Les séances des deux assemblées sont publiques. Le compte-rendu intégral des débats est publié au Journal officiel. Chaque assemblée peut siéger en comité secret à la demande du Premier ministre pour l'Assemblée nationale ou d'un dixième des	art 33 de (O)

membres de chaque assemblée.	

Les articles de 55 à 108 sauf 76 sont éventuellement repris de la constitution d'origine(o)

article 76	Modif art. 52 de (O)
L'Assemblée nationale ratifie les traités négociés par le Gouvernement L'Assemblée nationale référendaire peut décider de soumettre les traités au référendum national, ratifiés ou non par l'Assemblée nationale. Le Président de la République est informé de toute négociation tendant à la	Permet d'éviter une ratification non désirée par le peuple (cas du TCE)

article 109 1	Cet article est primordial.
L'initiative de la révision de la Constitution appartient concurremment au Président de la République sur proposition du Premier ministre ou si elle est proposée directement par les citoyens, selon les articles 5-7-8.	La révision de la constitution doit toujours être possible pour être en concordance avec l'évolution de la société. Elle peut être initiée par pétition et approuvée par référendum.
Aucune procédure de révision ne peut être engagée ou poursuivie lorsqu'il est porté atteinte à l'intégrité du territoire.	
La forme républicaine du Gouvernement ne peut faire l'objet d'une révision	

TITRE XV De la démocratie d'opinion	
article 110 Un Organisme de surveillance des médias fait respecter par tous moyens légaux une Charte établie par les journalistes professionnels rassemblés en congrès, destinée à préserver l'indépendance des journalistes de la presse écrite, des organes audio-visuels, radiophoniques publics et privés. L'Organisme de surveillance des médias comprend douze membres nommés par le Président de la République après approbation de l'Assemblée nationale référendaire. Le Président de la République nomme dans les mêmes conditions à la direction de l'Organisme de surveillance des médias, une personnalité n'ayant aucune position ou conviction politique patentes.	article important à compléter si nécessaire.

L'Organisme de surveillance des médias, en liaison avec un comité indépendant d'évaluation et de contrôle technique des émissions audio-visuelles et radiophoniques des services publics, surveille l'impartialité et l'équilibre de la pluralité d'opinion des émissions ayant un caractère politique. L'organisme de surveillance des médias, sans préjudice de sanctions possibles, contraint les services publics à informer le public immédiatement après une émission diffusée en direct, pouvant influencer l'opinion publique, d'un déséquilibre partisan, de la forme et du contenu de cette émission. Tout journaliste peut saisir l'Organisme de surveillance des médias s'il subit des pressions directes ou indirectes de la part des propriétaires des organes de presse privés tendant à influencer l'opinion publique dans un sens contraire à ses propres convictions.	

Une loi organique établit les conditions de pérennité et les pouvoirs dévolus à l'Organisme de surveillance des médias.	

Bibliographie

Nous sommes la France (Natacha Polony- Plon)
Cette fois en finir avec la démocratie (Suzan George – Seuil)
La Politique n'est plus ce qu'elle était (René Rémond-Calmann-Lévy)
Mai 68, l'héritage impossible (J.P.Le Goff -)La Découverte
Misère de la Ve République (Bastien François-Denoël)
Vive la VIe République (Oliver Duhamel -Seuil)
La faute aux éltes (Jacques Julliard- Gallimard)
La reine du monde –Jacques Julliard (Flammarion)
Révolution (Gérard Mermet –Audibert)
Le démantèlement de l'Etat démocratique (Ezra Suleiman –Seuil)
Democrate tu meurs (Armand Lombard –le Tricorne)
Le Cauchemar de don Quichotte (Matthieu Amiech- Julien Mattern – Climats)
Les dictateurs à penser (Denis Jeambar – Seuil)
La Politique de l'impuissance (J.P.Fitoussi –Arléa)
Quelle démocratie voulons-nous ? (Allain Caillé – La découverte)
L'occidentalisation du monde (Serge Latouche –La découverte)
La démocratie représentative (Daniel Gaxie – Montchrestien)
Un nouveau régime politique pour la France (Jack Lang – Odile jacob)
La nuit des politiques (Roland Cayrol –Hachette)
Nouvelle critique sociale (la République des idées- Seuil)

La France qui tombe et Que faire ? Nicolas Baverez _(Perrin)

Objectif décroissance (Serge Latouche –Silence)

Le pouvoir local ou la democratie improbable (Michel Koebel- Le Croquant)

La haine de la démocratie (Jacques Rancière –La Fabrique)

Mort à la démocratie (Léon de Mattis –L'altiplano)

Contre la dictature des marchés (ATTAC –Sylepse)

La contre-démocraie (Pierre Rosanvallon- Seuil)

Comment sortir du libaralisme ? (Alain Touraine –Fayard)

Démocratie contre capitalisme (Thomas Coutrot – La dispute)

Les vraies lois du l'économie et Sens et conséquences du « NON » français (Jacques Généreux –Seuil)

La nouvelle vassalité -André Bellon (Mille et une nuits)

Les 577 (Paul Quilès et Ivan Levaï – Stock)

Le bullocrates (J.F.K –Fayard)

La fin de l'euro-libéralisme - Jacques Sapir- (Seuil)

La Constitution de la 6e république (Bastien FRANçOIS- Arnaud MONTEBOURG – Odile Jacob)

La constitution Sarkosy (Bastien FRANçOIS –Odile Jacob

L'autre campagne (La découverte)

Un autre monde (Joseph Stiglitz –Fayard)

Les infortunes de la République (J.M. Colombani)

La politique de l'impuissance (J.P. Fitoussi- Arléa)

Les nouveaux maîtres du monde, et ceux qui résistent – Jean Ziegler (Points)

Les incendiaires (les banques centrales dépassées par la globalisation) Patrick Artus- (Perrin)

Retraites : on vous ment Pierre Concialdi (En clair Mango)

La Ve République se meurt, vive la démocratie – Dominique Rousseau (Odile Jacob)

Députés sous influences. Le vrai pouvoir des lobbies à l'Assemblée nationale – Hélène Constanty-Vincent Nouzille (Fayard)

Le pouvoir au peuple - Yves Sintomer- (La découverte)

Gouverner par la peur (Leyla Dakhli-Bernard Maris – Roger Sue – Georges Vigarello – Transversalles – Fayard)

Ubu loi (Philippe Sassier, Dominqiue Lansoy –Fayard)

l'empire du moindre mal (Jean-claude Michéa – CLIMATS)

La politique de l'oxymore (Bertrand Méheust- La découverte

Mais où va l'argent (Marie-Louise Duboin (Sextant)

Altermarxisme (Jacques Bidet et Gérard Duménil - PUF)

Les dernières heures du libéralisme (Christian Chavagneux – Perrin)

Les contradictions néolibérales (Tony Andréani – Fondation Gabriel Péri)

Propagandes silencieuses (Ignacio Ramonet – Folio actuel)

Pour sauver la planète, sortez du capitalisme (Hervé Kempff)

Produire de la richesse autrement (Cetim)

Après la démocratie – Emmanuel Todd (Gallimard)

La grande crise du XXI e siècle- Isaac Joshua (La découverte)

La réponse – Jimmy Goldsmith (Fixot)

Le vote de tous les refus- Pascal Perrineau (Presses sciences PO)

Transformation et crise du capitalisme mondialisé – Paul Boccara (Le temps des cerises)

La Crise – Paul Jorion (Fayard)

237

Pouvoir et Terreur – Noam Chomsky (Serpent à plumes)

Les éconoclastes (La découverte)

De franc à l'euro (Jean Viard (L'aube)

Un autre monde est possible si... -Suzan Georges (Fayard)

Les classes moyennes à la dérive – Louis Chauvel   (Seuil)

La constitution Sarkozy – Bastien François (Odile Jacob)

L'argent noir des syndicats – Roger Lenglet ...(Fayard)

Démocratie dans quel état ? (Badiou, Rancière, Bensaïd, .. ; (La fabrique)

Tous les médias sont-ils de droite ? Mathias Reymond (Sylepse)

Les incendiaires - Patrick Artus (Perrin)

Pour une politique de civilisation – Edgar Morin – Arléa

Utopie critique (Auto gestion)

La guerre ne fait que commencer – Alain Bauer... (JC Lattès)

Lettre ouverte aux gourous de l'économie.. ;Bernard Maris (Albin Michel)

Vers une Démocratie Générale – Takis Fotopoulos (Seuil)

La systémique - Daniel Durand (Que sais-je-PUF)

La sorcellerie capitaliste –Philippe Pignare –Isabelle Stengers (le découverte)

Les bullocrates (J.F. Kahn – (Fayard)

 Le pouvoir local ou la démocratie improbable –Michel Koebel (Le croquant)

La démocratie participative – Michel Falise (L'aube)

Déclin : La France est-elle menacée –Sylvain Allemand (Les carnets de l'Info

La monnaie et ses mécanismes – Dominique Plihon (La découverte)

Propagandes silencieuses – Ignacio Ramonet (Folio actuel)

Pourquoi il faut partager les revenus- Patrick Artus-Marie-Paule Virard – (La découverte)
Théorie générale de l'emploi, de l'Intérêt et de la Monnaie -J.M.Keynes –(Payot-1959)